الكتابة

فنونها وأفنانها

تأليف الدكتور

فهد خليل زايد

٢٠٠٩

دار يافا العلمية للنشر والتوزيع

٤١١

زايد، فهد

الكتابة فنونها وأفنانها /فهد خليل زايد .ـ عمان:

دار يافا ، ٢٠٠٨

ص ( )

ر.إ : ٢٠٠٨/١٢/٤٠٨٦

الواصفات : /الكتابة//اللغة العربية//

تم إعداد بيانات الفهرسة الأولية من قبل دائرة المكتبة الوطنية

الطبعة الأولى ، ٢٠٠٩

دار يـــافـــا العلمية للنشر والتوزيع

الأردن – عمان – تلفاكس ٤٧٧٨٧٧٠ ٦ ٠٠٩٦٢

ص.ب ٥٢٠٦٥١ عمان ١١١٥٢ الأردن

E-mail: dar_yafa @yahoo.com

مقدّمة

الحمد لله رب العالمين , والصلاة والسلام على سيد الخلق سيدنا محمد صلى اللـه عليه وسلم وبعد.

هذا الكتاب يعالج بيسر وببساطة موضوعات فن الكتابة للمرحلة الجامعية وما قبلها , فهو يقدّم للطالب معلومات نظرية يحتاجها ليصقل خبراته ويثري تجاربه ويقوّم أداءه.

ويهدف هذا الكتاب إلى تعريف الطالب الأسلوب الكتابي عند العرب فجاء في وحدات تعليمّية , كل وحدة تعالج الأصول العامّة والمشتركة بين أنواع الكتابة , بحيث يعرض بشكل تفصيلي لكل نوع, مبتدئاً بتعريف عام ثم التسلسل التاريخي لهذه المهارة فضلاً عن بيان أهميتها وغرضها,وهدفها التدريب على كيفية التحليل النقدي والفني لهذه المهارة الكتابية الفنية.

وأن تدريب الطالب على كيفية إنشاء الجملة, والفقرة ,والموضوع بأسلوب علمي , يسهم في تطوير أساليب الكتابة عند طلابنا. وإسهاماً منا في خدمة اللغة العربية الجليلة , شرعنا في كتابة هذا الكتاب , مركزين على ما يفيد

أشتمل الكتاب على الموضوعات التالية: فن التعبير وعلاقته بالفنون اللغوية الأخرى , أساسيات فن الكتابة , فن الرسالة , فن المقالة , فن المقامة , فن الخطابة , فن القصة القصيرة , فن الرواية , فن المسرحية , فن السيرة الفنية , فن التلخيص , فن كتابة البحث والتقرير ومحضر الجلسات و فن المناظرة.

وقد اعتمدنا عدداً جيداً من المصادر والمراجع في الموضوع الواحد , وحاولنا إخراج المادة بشكل رائق بعيداً عن الغموض , وأبقينا مجالاً للطالب كي يستزيد في الموضوع الواحد ما شاء

وأخيراً، نأمل أن يقدّم هذا الكتاب معلومات نظرية وعملية بطريقة موجزة سهلة يمكن القياس عليها , فهذا جهدُ البشر الذي لا يخلو من عيب أو نقص فأن وفقنا فبفضل الـلـه سبحانه , ولنا الأجر , وإن أخطأنا فمن أنفسنا , ولنا أجر المحاولة.

وكل ما نتمناه هو أن ينفع الـلـه به طلابنا , وأن يجعل فيه خيراً كثيراً

د٠ فهد زايد

الوحدة الأولى

فن التعبير وعلاقته بالفنون اللغوّية الأخرى

مفهوم التعبير

أهميّة التعبير

أُسس التعبير

أنواع التعبير

مراحل التدريب على التعبير

مهارات التعبير

وسائل النهوض بالتعبير

أسس صياغة التعبير

الأهداف الخاصة بالتعبير

مجالات التعبير وعلاقاته

إرشادات في تدريس التعبير

طرق تدريس التعبير

الـتـعبــير

يمتاز التعبير بأنه غاية , وغيره وسائل مساعدة معينة عليه , فالقراءة تزود القارئ بالمادة اللغوية , وألوان المعرفة والثقافة , وكل هذا أداة التعبير, والنصوص منبع للثروة الأدبية تساعد على إجادة الأداء وجمال التعبير, والقواعد النحويّة والصرفية وسيلة لصون اللسان والقلم عن الخطأ في التعبير, والإملاء وسيلة لرسم الكلمات رسماً صحيحاً , فيفهم التعبير الكتابي في صورته الصحيحة.

مـفـهوم التعبير

هو الطريقة التي يصوغ بها الفرد افكاره وأحاسيسه وحاجاته وما يطلب إليه بأسلوب صحيح في الشكل والمضمون.

وللتعبير مفهوم آخر وهو الإفصاح عن الأفكار والمشاعر حديثا أو كتابة بلغة عربيّة سليمة ومناسبة.

أهميّة التعبير.

يعد التعبير ثمرة الثقافة الأدبية واللغويّة التي يتعلّمها الطلاب وهو وسيلة التواصل والتفاهم وأداة لتقوية الروابط الإنسانيّة والاجتماعيّة.

وتتمثل أهمية التعبير فيما يلي:

○ أنه وسيلة اتصال بين الفرد والجماعة , فبواسطته يستطيع إفهامهم ما يريد, وأن يفهم في الوقت نفسه ما يراد.

- على إتقان التعبير يتوقف تقدّم الفرد في كسب المعلومات الدراسية المختلفة, لذا فالتعبير أمر ضروري في مختلف المراحل الدراسية.

- يعتبر أداة لنقل التراث الحضاري والثقافي والعلمي والأدبي إلى الأجيال القادمة.

- ميدان لتنافس رجال العلم والفن والأدب والتعرف على كفاياتهم وقدراتهم وإمكاناتهم.

- مجال ليتعرف المعلمون على عيوب طلابهم في عرض أفكارهم والأسلوب ومعالجته.

- مجال واسع لاكتشاف مواهب الطلاب الأدبية , ليتعهدهم المعلم , بالتشجيع والرعاية.

- اكتساب مهارات لغوية تمكّن الإنسان من استخدام اللغة استخداماً سليماً في مواقف الحياة.

- إن عدم الدقة في التعبير يترتب عليه فوات الفرص , وضياع الفائدة لذا يجب أن يكون ذا فائدة من خلال جودة التعبير وصحته والبعد عن الغموض أو التشويش.

أهداف التعبيـر:

- تمكين الطلاب من التعبير عما في نفوسهم أو عما يشاهدونه , بعبارة سليمة صحيحة.

- توسيع دائرة أفكارهم وخبراتهم في المجالات الحيوية المختلفة.

- تزويد الطلاب بما يعوزهم من المفردات والتراكيب , على أن يكون ذلك بطريقة طبيعية.

- تعويد الطلاب التفكير المنطقي وترتيب الأفكار , وربط بعضها ببعض

- إعدادهم لمواقفٍ حياتية تتطلب فصاحة اللسان , والقدرة على الارتجال.

- تعويد الطلاب على الانطلاق في الحديث والكتابة عندما تدعو الحاجة إليهما.

- فتح مجالات واسعة أمامهم للإبداع والابتكار.

- القدرة على تنسيق عناصر الفكرة المعبر عنها بما يضفي عليها جمالاً وقوة تأثير في السامع والقارئ.

- الصراحة في القول, والأمانة في النقل بحيث لا يجبن المعبر عن مواجهة المواقف بإبداء الرأي , ولا يسرق من غيره وينسبه لنفسه.

- اتساع دائرة التكيف مع مواقف الحياة.

أسس التعبير:

وهي المبادئ والحقائق التي ترتبط بتعبير الطلاب وتؤثر فيهم , وتفهُّم هذه المبادئ والإيمان بها يساعد على نجاح المعلمين في دروس التعبير من حيث اختيار الموضوعات الملائمة , وإتباع الطرق المثلى في التدريس وهذه الأسس هي:

أولاً – الأسس النفسية.

ثانياً – الأسس التربوية.

ثالثاً – الأسس اللغوية.

أولاً: الأسس النفسيّة.

١- يميل الطلاب إلى التعبير عما في نفوسهم , والتحدث مع والديهم وأصدقائهم ويبدو هذا الميل في حرص الطفل على أن يحدث أباه فيما شاهده في زيارة أو سفر أو نحو ذلك ويستطيع المعلم أن يستغل هذا الأساس النفسي في معالجة التلاميذ الذين يحجمون عن المشاركة في درس التعبير.

٢- يتميز الأطفال في المرحلة الأولى إنهم عمليون, ويميلون إلى الأمور الحسيّة. ولا يهتمون بالأمور المعنويّة , وواجب المعلم أن يفسح لهم المجال للحديث عن الأشياء المحسوسة في الصف والمدرسة , نظراً لانحصار المحسوسات في البيئة المدرسية , فعلى المعلم أن يستعين بنماذج الأشياء وصورها من أجل تشجيع التلاميذ على الحديث عنها.

٣- ينشط الطلاب إلى التعبير إذا وجد لديهم الدافع والحافز , وكانوا في موقف يتوافر فيه التأثير والانفعال , لذا يجب على المعلم أن يوفر الموضوعات التعبيرية التي تقود هم إلى التأثر والانفعال بهما ومن ثم الرغبة في الحديث عنها أو كتابتها.

٤- عملية التعبير عملية ذهنية قبل أن تكون عملية لفظ أو كتابة , فالطالب يرتب الأسباب أو السبب في ذهنه ثم يسترجع المفردات التي يؤدي بها الكلمات – ويستخدم التحليل والتركيب للمفردات والأفكار ليخرجها على شكل نتاج لفظي وهو الإجابة, وهذه العملية العقلية – التحليل والتركيب – عملية ليست سهلة , وعلى المعلم أن يصبر على طلابه في مواقف الدراسة.

٥- غَلبة الخجل والتهيب عند بعض الطلاب, ومثل هؤلاء ينبغي تشجيعهم وأخذهم باللين والصبر. ولا ينبغي أن ييأس المعلم من معالجة تلاميذه , بل يجب أن يأخذ بأيديهم , ويقضي على عوامل النقص فيهم.

٦- المحاكاة والتقليد: يعتمد في تعلّم اللغة على المحاكاة والتقليد, والطفل لا يفهم لغة والديه إلا بطريق المحاكاة والتقليد , ولهذا يجب أن يحرص المعلمون على أن تكون لغتهم في الصف لغة سليمة جديرة بأن يحاكيها التلميذ.

٧- يميل التلاميذ إلى سماع القصص , ويستثمر هذا الميل في إسماع الطلاب قصصاً ذات مضامين مختلفة ,يساعدهم في ذلك بعض القصص المتلفزة أو المسجلة.وباستخدام أجهزة الحاسب المتوفرة في المدارس يمكن تقدّيم قصص ذات أهداف متنوعة.

٨- التدرّج في نوع الموضوعات التعبيرية وفق قدرات الطلاب العقلية واللغوية.

ثانياً – الأسس التربويّة ومنها:-

١- إشعار الطلاب بالحرية في التعبير: فالحرية من مبادئ الأديان السماوية ومن مقومات الحياة (الديمقراطية) ما دامت لا تتعارض مع النظام المطلوب , أو مع حقوق الغير , ومن حق الطالب أن يمنح نصيبه في الحرية في درس التعبير , ومن أوجه الحرية في التعبير.

- نترك له حرية اختيار الموضوع الذي يحب أن يتحدث أو يكتب فيه.

- نترك له حرية عرض الأفكار التي يريدها أو التي نلفته إليها, فيدركها ويحسها في نفسه , دون تقييد حريته في اختيار العبارات التي يؤدي بها هذه الأفكار ,فلا تفرض عليه عبارات معينة.

٢- ما دام التعبير من الأغراض المهمة التي يحققها تعلّم اللغة , وما دام كل درس من دروس اللغة فيه مجال للتدريب على التعبير , فالمعلم مطالب بأن يستثمر هذه المجالات في تدريب التلاميذ على التعبير الصحيح والسليم وأن لا يقصر ذلك على حصة التعبير

في برنامج الدراسة فمجال التعبير يكون:-

- في القراءة من خلال إجابة الطلاب عما يوجه إليهم من أسئلة فيما قرؤوه.
- في تلخيص فكرة مقروءة ونقدها.
- في مجال النصوص , شرح المعنى , ونقد النص وتذوقه.
- في مجال الإملاء , الإجابة عن أسئلة توجه إلى التلاميذ من القطعة بعد سماعها.
- في النحو والصرف , مناقشة قطعة فيها أمثلة نحوية وصرفيّة.

٣- الطفل لا يمكنه التعبير عن شيء إلا إذا كان له علم سابق بهذا الشيء, ولهذا يضيق الطلاب ببعض الموضوعات ويصفونها بأنها مقفلة , ضيقة, لذا يجب اختيار الموضوعات المتصلة بأذهان الطلاب.

ثالثاً: الأسس اللغوية.

١- قلة المحصول اللغوي لدى الطلاب, وهذا يستوجب العمل على إنماء هذا المحصول بالطريقة الطبيعية كالقراءة والاستماع.

٢- التعبير الشفوي اسبق في الاستعمال عند الأطفال , إذ إنهم يستطيعون التعبير به عن جل حاجاتهم , ولذا يجب أن تكون فرص

التدريب عليه في المرحلة الأساسيّة أوفر من فرص التدريب على التعبير الكتابي.

٣- مزاحمة اللغة العاميّة , فازدواجية اللغة في حياة الطالب لها أثر كبير , لذا على المعلم ألا يعدم الوسيلة التي من شأنها أن تغري الطالب على استخدام اللغة السليمة , كالأناشيد والقصص , التي تزوده باللغة الفصيحة فضلاً عن القراءة والاستماع

أنـواع الـتـعبيـر.

التعبير من حيث الأداء نوعان , تعبير شفوي , وتعبير كتابي. فالتعبير الشفوي: هو ما يعرف باسم المحادثة أو الإنشاء الشفوي. والتعبير الكتابي:هو ما يعرف باسم الإنشاء التحريري.

التعبير الشفوي:

تبدو أهميته في أنه أداة الاتصال السريع بين الفرد وغيره , والنجاح فيه يحقق كثيراً من الأغراض الحيوية في الميادين المختلفة , ومن مشكلاته في الميدان المدرسي ازدواجية اللغة , وغلبة العامية على ألسنة الطلاب,وللتعبير الشفوي صور كثيرة نعرض بعضها فيما يلي:

- التعبير الحر: وتكون الحرية في اختيار مفرداته , وطريقة عرض الأفكار فيه وهو محدد بمحددات معينة من مثل, تقيد الطلاب بالموضوع الذي اختاروه أو اختاره لهم المعلم.

- التعبير عن الصور التي يجمعها الطلاب , أو يعرضها عليهم المعلم , أو الصور الموجودة في بداية كل درس قرائي.

- التعبير الشفوي عقب القراءة , بالمناقشة والتعليق والتلخيص والإجابة عن الأسئلة.

استخدام القصص في التعبير بالطرق الآتية:

- إتمام قصة ناقصة.
- توسيع قصة قصيرة أو تطويلها.
- سرد قصة مسموعة وتلخيصها.
- التعبير عن قصة مصورة.
- الحديث عن الحيوانات والنباتات البيتية والطيور.
- الحديث عن أعمال الناس ومهنهم في المجتمع وما يجد فيها من الأحداث (الحدائق ,المزارع , البيئات , الجندي , الصحارى......الخ).
- الحديث عن الموضوعات الخلقية والاجتماعيّة والوطنية والدينية والاقتصادية وغيرها.
- المواقف الخطابية في المناسبات المختلفة , والتي ينبغي تدريب الطلاب عليها.

وتتوقف جودة التعبير الشفوي عند الطلاب على أمور منها: حضور الأفكار والمعاني التي ستكون موضوعاً للحديث , ومعرفة الكلمات التي تدلل على تلك المعاني وسهولة ورودها على الذهن ومعرفة أساليب الكلام لترتيب العبارات , وطلاقة اللسان في نطق الألفاظ وأداء تلك العبارات.

إن من واجب المدرسة أن تدرِّب الطالب على التعبير الشفوي , وأن تكسبه ما يحتاج إليه من المهارات , ليقوم بعملية التحدُّث على النحو الذي يحقق

الأغراض المختلفة منها في المواقف المتعددة التي تصادفه, وترجع أهمية تدريب الطلاب على التعبير الشفوي

إلى عدة أسباب من أبرزها:[1]

١- إن عجزه عن التعبير الشفوي يقلل من فرص نجاحه في نقل آرائه وأفكاره وأحاسيسهِ إلى غيره , ويحول دون تمكنه من إقناع معلميه بأنه قد اكتسب المعلومات , وفهم المادة , مما يؤدي إلى إخفاقه في دراسته.

٢- إن ضعفه في التعبير الشفوي يقلل من فرص تعلّمه , نظراً لأن اللغة هي أداة أساسية من أدوات التعليم , واستعمال الطالب لها يعد أمراً جوهرياً في جميع حقول التعلّم ومجالاته. بحيث أنه إذا افتقر إلى هذه المهارة المتمثلة في التحدث الواضح والدقيق , فإن كثيراً مما ينبغي تعلّمهُ لا يصادف أذناً واعية ولا يدخل في مجال معرفته.

٣- إن إخفاقه المتكرر في مواجهة مواقف الحياة يولد لديه شعوراً بعدم الثقة ويؤخر نموه اللغوي.

التعبير الكتابي.

يعد وسيلة الاتصال بين الفرد وغيره , ممن تحول الظروف أو بعد المسافات دون مقابلته لهم والتحدث إليهم. كما أن الحاجة ماسة إليه في جميع المهن فمن واجب المؤسسات التعليمية أن تعمل على إكساب المتعلّم المعارف والمهارات التي تمكنه من كتابة ما يريد في مختلف المواقف الحياتية الحيوية والتي من أبرزها:

---

[1] محمد قدري لطفي , أساليب تدريس اللغة العربية , ص٣-٤.

- كتابة الأخبار , لاختبار أحسنها وتقديمه في مجلة المدرسة.

- جمع الصور والتعبير الكتابي عنها.

- الإجابات التحريرية عن الأسئلة عقب القراءة الصامتة. والإجابة عن أسئلة الامتحانات.

- إعطاء وصف كتابي لشيء شد انتباهِهِ أو استرعى اهتمامه.

- كتابة رسالة إلى صديق يعبر فيها عن أحاسيسه وينقل له أخباره.

- توجيه دعوة لحضور اجتماع أو حفلة.

- كتابة محضر اجتماع.

- كتابة إعلان أو برقية أو رسالة رسمية أو طلب عمل.

- كتابة ملخص لشيء قرأه أو شاهده أو سمعه.

- كتابة مذكرات في مفكرته.

- كتابة وصف لرحلة قام بها , أو بلد زاره.

- كتابة إرشادات لصنع أو استعمال شيء من الأشياء.

- كتابة خواطر أو مقالات أو قصص أو قصائد شعرية.

- تحويل حكاية تحتمل التمثيل إلى حكاية تمثيلية.

- كتابة الموضوعات الأخلاقية والاجتماعية.

أقسام التعبير من حيث الأغراض

يقسم التعبير من حيث الغرض من استعماله إلى نوعين:

١-التعبير الوظيفي:

وهو التعبير الذي يؤدي وظيفة خاصة في حياة الفرد والجماعة من مثل الفهم والإفهام , ومجالات استعماله كثيرة كالمحادثة بين الناس, والرسائل , والبرقيات والاستدعاءات , وكتابة الملاحظات والتقارير والمذكرات وغيرها من الإعلانات , والتعليمات التي توجه إلى الناس لغرض ما , ويؤدى التعبير الوظيفي بطريق المشافهة أو الكتابة.

ويعتبر التعبير الوظيفي الأكثر لزوماً للطلاب في حياتهم العملية , ويعد دعامة قوية من الدعامات التي يقوم عليها التعبير الإبداعي.

٢- التعبير الإبداعي:

وهو الذي يكون غرضه التعبير عن الأفكار والمشاعر النفسية ونقلها إلى الآخرين بأسلوب أدبي عال , بقصد التأثير في نفوس القارئين والسامعين بحيث تصل درجة انفعالهم بها إلى مستوى يكاد يقترب من مستوى انفعال أصحاب هذه الآثار, ومن الموضوعات التي يشملها هذا النوع من التعبير: المقالات , وكتابة المذكرات الشخصية واليوميّة والتراجم والسير , ووصف المشاعر الإنسانية كالحب والحزن , ووصف الطبيعة والقصص القصيرة.

وهذان النوعان من التعبير ضروريان لكل إنسان في المجتمع الحديث , فالأول يحقق له حاجته من المطالب المادية والاجتماعية , والثاني يمكّنه من أن يؤثر في الحياة العامّة بأفكاره وشخصيته.

وعلى هذا الأساس ينبغي تدريب الطلاب على هذين النوعين من التعبير , وإعدادهم للمواقف الحياتية المختلفة , التي تتطلب كل نوع منها.

مراحل التدريب على التعبير وموضوعاته في كل مرحلة.

١- في الحلقة الأولى من التعليم الأساسي (الأول والثاني) يقتصر التدريب على التعبير **الشفوي في المجالات التالية.**

- التعبير عن خبرات الطفل , ألعابه , أصدقائه , مشاهداته.

- التعبير عن الصور الواضحة , المتدرجة في دلالتها.

- الاستماع إلى القصص , وإعادة سردها من التلاميذ عن طريق الصور المتتابعة لها.

- الحديث عن الأخبار البسيطة والنشاطات التي يقوم بها الأطفال.

- استثمار الصور المعدة للتدريب والتي تعتمد المحادثة والوصف في دروس مختلفة.

- تدريب الطلاب من خلال الإجابات على الأسئلة التي تلي درس القراءة.

٢- **الحلقة الأولى من التعليم الأساسي (الثالث والرابع) يبدأ تدريب الطلاب على التعبير الكتابي مع استثمار مجالات التعبير الشفوي السابقة مع شيء من التوسع.**

ويمكن أن يدرب المعلم طلابه في هذين الصفين على مجالات التعبير الكتابي التالية:

- تدريبهم على وضع كلمة ناقصة في جملة مفيدة.

- إعادة ترتيب جمل لتكوّن معنى مترابطاً.

- إجابة عن الأسئلة كتابةً.

- ترجمة الطالب البسيطة عن ,اسمه وبلده , ما يحب من العادات.

- كتابة ما يشاهده من صور على دفتره.

- تحويل بعض الجمل من المذكر إلى المؤنث كتابة.

- استعمال كلمات مرَّت على الطلاب في جمل مفيدة.

- كتابة الأعمال والنشاطات (رحلة, زيارة) مع مراعاة التدرج في الوصف.

- الوصف المحدد بعدد من السطور أو الجمل.

- شرح المفردات بالمرادف وبالتضاد, وتركيب جمل على غرار جمل ترد في الدرس.

- تلخيص فقرة من الدرس كتابة.

- تدريب الطلاب على ألوان بسيطة من التعبير الوظيفي (الرسائل).

٣- **في الحلقة الثانية من التعليم الأساسي.**

تكون مجالات التعبير الكتابي كالتالي:

- إجابة الأسئلة التي ترد في كتب القراءة كتابة.

- تلخيص جزء من الدرس.

- ملء الفراغ في الجملة أو القصة بواسطة كلمات أو تراكيب.

- وصف رحلة , صورة, مشاهدات.

- كتابة رسائل وظيفية ,استدعاءات.

- تحويل جمل حوارية إلى جمل لا حوار فيها.

٤- **في الحلقة الثالثة من التعليم الأساسي.**

يستمر تدريب التلاميذ على التعبير الشفوي والكتابي بشيءٍ من التوسع والإغناء في التعبير الكتابي بتدريب التلاميذ على:

- إجابة أسئلة بعد قراءة نص.
- تلخيص فقرة من درس أو تلخيصه كله.
- كتابة موضوع بعد الاستماع الجيد إليه من المعلم.
- اختيار موضوع من موضوعين أو أكثر يكتب فيه.
- كتابة موضوعات تتعلق ببعض القضايا التي يمر بها الطلاب كالمناسبات أو التوجيهات الأخلاقية.

وفي هذه المرحلة يجب أن يهتم المعلم بتدريبهم على ترتيب الأفكار في موضوعاتهم وعلى التسلسل فيها كما يهتم بصحة الأسلوب.

٥- في المرحلة الثانوية.

يركز الطلاب على التعبير الكتابي بشكل مقصود, وتتاح لهم مجالات التدريب على جميع أشكاله , وينبغي أن تستثمر فرصة في دروس اللغة العربية.

- ففي دروس المطالعة والنصوص يلخص الطلاب الأفكار العامة في النص على شكل نقاط رئيسية , ويسجلون أراءهم حول هذه النصوص.
- وفي دروس المطالعة يتدربون على الإجابة على أسئلة يطرحها عليهم المعلم مع تلخيص موضوع الدرس بشكل مترابط , ويطلب منهم المعلم البحث عن حياة كاتب معين ونقدهِ.

- في درس البلاغة يوجه الطلاب إلى محاكاة بعض النماذج البلاغية واستثمارها في كتاباتهم , دون التقليد.

- وفي النحو والصرف , يمثل التطبيق على قواعد اللغة خير وسيلة لتوظيف ما تعلمه الطلاب من قواعد في كتابته وقراءته.

- وفي الدروس الأخرى , يمكن تدريب الطلاب على كتابة موضوعات تاريخية وجغرافية وعلمية ودينية.

ولا تقتصر مجالات التدريب على فرص التعبير الكتابي على كتب وموضوعات اللغة أو الدروس المدرسيّة , ففي الحياة قضايا وظواهر اجتماعية وسياسية كثيرة تهم الطلاب وتشكل جزءاً من حياتهم. وبالتالي فان تدريبهم عليها أمر ضروري.

ومن الطبيعي أن يساير هذا الاهتمام بالتعبير الكتابي اهتمام مشابه في الاهتمام بمجالات التعبير الشفوي , ويتبدى هذا الاهتمام بتعويد الطلاب على التعبير الصحيح الخالي من الأخطاء في الأسلوب وفي استعمال قواعد اللغة , وضرورة التركيز على الوضوح والبعد عن الالتفاف حول الفكرة أو الموضوع.

مـهـارات كـل من التعبـير الشـفـوي والكتـابـي.

يشترك كل من التعبير الشفوي والكتابي فنياً في المهارات الآتية , وذلك لا يكون إلا في المراحل المتقدّمة في التعليم , على أن يتغاضى في مراحله الأولى عن كثير منها طبقاً لتقدير المعلم:

ومن أبرز هذه المهارات ما يلي:

- الوضوح والتحديد والسلاسة في الفكرة التي يريد الطالب نقلها إلى السامع.

- عدم تكرار الكلمات بصورة متقاربة.

- الصدق في تصوير المشاعر والدقة في تحد يد الأفكار ووصف الأشياء.

- تماسك العبارات وعدم تفككها.

- خلو الأساليب من الأخطاء النحوية والصرفية والإملائية وبخاصة ما يتعلق بالضمائر وأسماء الإشارة , والأسماء الموصولة.

- البعد عن استعمال الكلمات العاميّة والأخطاء الشائعة.

- بروز الصبغة الفنية في العبارات والتراكيب وظهورها على لغة الحديث عند من يقوم بالتعبير.

وسائل النهوض بالتعبير.

- إيجاد الدافع إلى التعبير في نفس الطالب , فالمعروف أن الدافع إلى عمل ما يؤدي إلى النجاح فيه ويحقق أغراضه , ومن ثم ينبغي على معلم التعبير أن يلاحظ هذه الحقيقة , ومما يساعده في ذلك ملاحظة ما يأتي بحسب مقتضيات الأحوال:

- إطلاق الحرية للتلاميذ كي يختاروا بأنفسهم بعض الموضوعات.

- عرض المعلم لموضوعات متصلة بخبرات الطلاب وميولهم مع ذكر المراجع الممكنة.

- إيجاد مناسبات طبيعية تدفع الطلاب إلى التعبير بالكتابة (إبداء الرأي)

- قراءة ما كتبه الطلاب أمام بعضهم البعض ودفعهم إلى تجويد كتاباتهم وتشجيعهم.

- ربط درس التعبير ببقية فروع اللغة (التكامل)

- كثرة التدريب على الحديث والكتابة في الموضوعات المختلفة مع إزالة الخوف والتردد في نفوس الطلاب بشتى الطرق الممكنة. وكلما ازداد تدريبه على شيء ما مع حسن التوجيه والإرشاد زاد تجنبه كثيراً من الأخطاء التي يتعرض لها في أثناء التدريب , وننصح المعلم بتشجيعهم على اقتناء الكراسات الخاصة بالكتابة الحرة ومن الضروري الاهتمام بالشكل في الكتابة من حيث الترتيب والنظافة , الفقرات , وعلامات الترقيم وبداية الجمل , وترابط الأفكار مع التركيز على الخاتمة الملخصة للموضوع.

أسس صياغة التعبير:

سبق أن أوضحنا أن الغرض من التعبير تمكين الطلاب من التعبير عن ذاتهم وعن واقعهم أو ما يحيط بهم في سهولة ويسر , بحيث يتمكن القارئ أو السامع من إدراك مراميه, ولن يتأتى ذلك إلا إذا عرف الطلاب الأسس اللازمة لصياغة الموضوع وإتقان بعض المهارات التي تساعدهم في الوصول إلى ما يريدون, ويمكن حصر أسس صياغة التعبير في:-

- وضع خطة الموضوع تشتمل حصر الأفكار والمعاني التي ستكون موضوعاً للحديث وترتيبها وتنسيقها في الذهن , ومعرفة الكلمات التي تدل عليها ثم معرفة الأساليب المواتية لها.

- حصر الحديث في جوانب الموضوع ذات العلاقة , والبعد عن الخروج عن الموضوع.

- عدم ترك الفكرة قبل استيفائها.

- توضيح الأفكار وترتيبها ترتيباً منطقياً بما يحقق الوحدة والانسجام فيما بينها , حتى تصل إلى الآخرين في وضوح دون أن تسبب للمستمع ارتباكاً أو تشويشاً ولوضوح الفكرة أهمية بالغة في إنجاح التعبير , ومن أهم الأسباب التي تؤدي إلى وضوح التعبير قدرة المعبر على تنظيم افكارة وشرحها وتأييدها.

- سلامة اللغة ,والأسلوب , وصحة التراكيب.

- صحة الرسم الإملائي, وجودة الخط, وحسن التنظيم , وجمال العرض.

-استخدام علامات الترقيم بشكل سليم.

المـحتـوى (المـجـالات)للتعبـير

تختار موضوعات التعبير من المجالات التالية.

أ-المجال الاجتماعي ويشمل:-

- حب الأصدقاء, فضل التعاون, استقبال الأقارب, والأصدقاء ووداعهم.

- زيارة المرضى في البيوت والمستشفيات.

- بعض الآداب الاجتماعية كالاعتذار عن الخطأ, والشكر, والتهنئة, والتعزية.

- بعض الأنشطة التي يقوم بها الطلاب كالمخيمات الكشفية والمباريات, المناسبات(الأعراس)

ب- في المجال الوظيفي , ويشمل:-

- كتابة الإعلانات , واللافتات عن الأنشطة المدرسية (بطاقة الدعوات, والاحتفالات).

- تعبئة استمارات ونماذج تلزم الطالب في حياته العملية (كنموذج شهادة الميلاد, والهوية الشخصية).

ج- في المجال العلمي,ويشمل:-

- التقنيات الحديثة ودورها في الحياة (كالحاسب والإنترنت) المركبات الفضائية.

د- المجال الجغرافي,ويشمل:-

- وصف منظر من مناظر الطبيعة أو رحلة مدرسية إلى المعارض والأماكن الأثرية والمصانع

هـ - المجال التاريخي ويشمل:

- بعض الأحداث التاريخية المهمة لها ارتباط بتاريخ الأردن (مثل غزوة مؤتة, ومعركة اليرموك).

- بعض الشخصيات من الصحابة الذين دفنوا في الأردن مثل(معاذ بن جبل , شرحبيل بن حسنة, أبي عبيدة).

و- في المجال الوطني ؛ويشمل:

- بعض المناسبات الوطنية المهمة مثل "(يوم الكرامة , يوم الجيش).

ز- المجال الديني ويشمل:

- بعض المناسبات الدينية المهمة (شهر رمضان , الإسراء والمعراج , الهجرة).

ح- المجال الإنساني ؛ ويشمل:

- حب التعاون مع الآخرين , مساعدة الضعفاء , وتقدير العلماء , ومكارم الأخلاق

ط -: المجال المعرفي , ويشمل:-

- تلخيص القصص والموضوعات المختلفة.

- بعض السير والتراجم لشخصيات أدبية وتاريخية وعلمية بارزة.

- اختيار نصوص أدبية وشعرية ونثرية وإلقاؤها أمام الطلاب داخل الصف.

ي- المجال القومي , ويشمل

- اتحاد الأمة العربية , ونبذ الخلاف والفرقة , تحرير فلسطين.

- البطولة العربيّة الإسلامية (حب الجهاد , التضحية , الحكمة).

ك- المجال الجمالي ويشمل:-

- الدعوة إلى التفاؤل , وبث الأمل في النفوس.

- التحدث عن جمال الطبيعة المتحركة والساكنة.

إرشــادات في تـدريـس التعـبيـر

يراعي المعلم الأمور التالية في تدريس التعبير في مرحلة التعليم الأساسي.

- الحرص على تدريب الطلاب على المهارات والعادات المصاحبة للتعبير الشفوي , كالجرأة في مخاطبة الناس , ونطق الأصوات واضحة جلية , وعدم مقاطعتهم إلا بعد إتمام المعنى, وعند وقوعهم في الأخطاء البارزة.

-الانتقال بالطلاب من الموضوعات السهلة إلى الموضوعات الصعبة من المحسوسات المشاهدة إلى المحتويات من الصور والأفكار المجردة.

-إتاحة الفرصة للطلاب ليختاروا موضوعات التعبير ,لأن ذلك يشجعهم على كتابتها.

- التركيز على الأفكار التي تتصل بالموضوع.

- مراعاة عمر الطالب وصفه وجنسه في اختيار الموضوعات التي يجب أن تكون ذات صلة وثيقة ببيئة الطالب الطبيعية والاجتماعية, ومتناسبة مع قدرته اللغوية ومستوى نضجه وإدراكه.

- مراعاة التنويع في أساليب الكتابة لأن الموضوع الواحد قد يكتب بأساليب مختلفة.

-استغلال المناسبات الدينية والوطنية والاجتماعية والتعبير عنها.

-مناقشة الطلاب في الأخطاء اللغويّة العامة والتوصل معهم إلى وجه الصواب.

- مساعدتهم في التخلص من الانطواء والخجل وذلك بالتشجيع.

- تدريبهم على الاستماع إلى أشرطة مسجلة قصيرة.

-الإفادة من وسائل التقنية الحديثة (الحاسب, الإنترنت , والتلفاز بعرض أفلام مصوغة بلغة سليمة عليهم)

- كتابة الطلاب عدداً من موضوعات التعبير داخل الصف وعدداً آخر خارجه.

- المراوحة بين الأشكال المختلفة في كيفية كتابتهم لموضوع التعبير وأهمها:

أ- أن يحدد الطلاب عناصر الموضوع في أقسامه الرئيسة (البداية والعرض, والخاتمة)

ب- أن يقترح المعلم عناصر الموضوع , ليختار التلاميذ ما يشاءون منها في كتابتهم له.

ج- أن يختار المعلم عنوان الموضوع فقط ليكتبوا فيه.

د- أن يكتب الطلاب الموضوع بشكل يقترحونه (خاطرة , قصة , تلخيص).

- الإشادة بآراء الطلاب الإيجابية والتعامل بأسلوب تربوي مع من يخطئون.

- تدريبهم على مراعاة الدقة في الاقتباس وتوظيفها في مواضعها الملائمة.

- تجنب الإسراف في المقدمات , والابتعاد عن الحشو والتكرار.

- حرص المعلم على الحديث والكتابة بلغة سليمة ,لأنه يُعدُّ القدوة التي يحتذيها التلاميذ.

- التركيز على أهمية المطالعة الحرة الهادفة , وزيارة المكتبة , وبيان كيفية البحث عن موضوع يرغب الطلاب الكتابة عنه.

- مشاركة الطلاب في إعداد موضوعات الإذاعة والصحافة المدرسية والاشتراك بالاحتفالات والقاء الكلمات والقصائد المناسبة.

- الاهتمام بتوفير المواقف التي تدعو إلى الحديث أو تهيئ له , كإقامة الندوات , المناظرات, المسابقات ,الاحتفالات المدرسية.

طـرق تـدريـس التعبـيـر الشـفـوي

أولاً: تدريس القصة ,, يسير المعلم وفق الخطوات التالية.

- تهيئة الطلاب للقصة ويكون التمهيد بقَوْل المعلم , سأقص عليكم قصة فانتبهوا.

- قص القصة , ينبغي أن تقص بصوت واضح ويراعي المعلم حركات وجههِ ويديه وصوته وأن يمثل المعنى (التنغيم والتلوين).

- طلب إعادة القصة من أحد التلاميذ.

- طرح أسئلة متسلسلة تمثل إجاباتها محتوى القصة.

- تلخيص القصة.

- اختيار عنوان آخر للقصة.

- رسم القصة وتمثيلها إذا كان ممكناً.

يشترط في القصة أن تلقى على الطلاب كما يلي:

- أن تتدرج في كمها (طولها وقصرها) ومعناها وتراكيبها تدرجاً يتناسب مع مستوى التلاميذ العقلي واللغوي.

- أن يتوفر فيها عنصر الإثارة والتشويق.

- أن توجههم إلى سلوكيات حميدة.

ثانياً تدريس التعبير الحر:-

- التمهيد: يربط الموضوع بخبرات التلاميذ.

- استثارة المعلم للطلاب بأسئلة مختلفة حول موضوع التعبير.

- تمثيلهم دور المعلم: بطرح الأسئلة على زملائهم.

- تدريبهم على ترتيب حديثهم حول الموضوع الذي تحدثوا فيه. وذلك بإعادة بعضهم الحديث في الموضوع بالتسلسل.

ثالثاً تدريس الموضوعات المختلفة:-

- في المرحلة الأساسيّة , يكون عبارة عن أسئلة يطرحها المعلم بأشكال مختلفة حول الموضوع. ليجيب التلاميذ عليها.

- قد يكون موضوع التعبير في المرحلة العليا وصفاً محدداً أو غير محدد , وقد يكون تدريبياً على كتابة قصة أو نشاط اخباري معين.

- في المرحلة الثانوية يتم التدريس كما يلي:

- التمهيد للموضوع.

- قراءة الطلاب الموضوع عن اللوح أو الكتاب.

- طرح أسئلة حول الأفكار الرئيسة.

- تناول أفكاره , فكرة فكرة.

- يطلب من كل واحد أن يتحدث عن الموضوع كله بلغته.

طرق تعليم التعبير الكتابي:

تتنوع طرق تعليم التعبير الكتابي بين عدة طرق أهمها:

- اختيار موضوع من عدة موضوعات يعرضها المعلم على طلابه, تحلل عناصرهُ,ويتحدث فيها الطلاب ثم يتناولونه بالكتابة, مثل:المناقشة في بداية الحصة ثم كتابة الموضوع في نهايتها

- تثبيت بعض الجمل على السبورة ثم محوها والطلب إلى الطلاب كتابة الموضوع من جديد في بيوتهم.

- ذكر الأفكار الرئيسة التي يتكون منها الموضوع ومناقشتهم فيها, ثم يتركهم يكتبونه مستقلين في عملهم.

- اختيار موضوع من عدة موضوعات بحيث يُترك لهم حرية الكتابة فيه دون مناقشته.

- ترك الحرية للطالب في اختيار الموضوع الذي يريد الكتابة فيه وهذا ما يسمى بالكتابة الذاتية الذي يدفع التلاميذ إلى الإبداع والابتكار.

- أيجاد مواقف وظيفية يعبر بها الطلاب في كتاباتهم (المناسبات الدينية والقومية).

طـرق تـصحـيـح التعـبـيـر:

١- يصحح المعلم كراسة الطالب أمامه , بعد أن يشغل الطلاب بواجب آخر, مع أن المعلم لا يستطيع أن يصحح جميع الكراسات لكثرة عدد التلاميذ, وعدد الموضوعات, وضيق الوقت , وطول المنهاج , ويمكن التغلب على الصعوبة بتصحيح فقرة من كراسة كل طالب في حصته وحصص أخرى.

- يرى البعض أن يضع خطاً تحت الكلمات التي بها الخطأ, ويشير إلى نوع الخطأ على أن يقوم التلميذ بتصحيحه.

- يحسن أن يعنى المعلم في أثناء التصحيح بتقييد ما يراه من الأخطاء الشائعة وعرضِهِ عليهم. ومناقشتهم بها.

- ينبغي أن يضيف المعلم ملاحظات كتابية تقف الطالب على عيوبهِ أو يكون لها أثر في تشجيعه.

- ينبغي على المعلم أن يتأكد أن الطلاب قد قاموا بتصويب الأخطاء التي ظهرت في التعبير السابق.

- إذا استحسن المعلم كتابة طالب طلب منه أن يقرأها على زملائه.

أنواع التصحيح:

- التصحيح المباشر داخل الصف وله معوقاته كما ذكرنا.

- التصحيح خارج الصف ويمكن أن يؤدى بأربعة أساليب:

- تصحيح الكراسات بكتابة الصواب فوق الخطأ.

- تصحيح الكراسات بطريقة الرموز بحيث يرمز للخطأ بحرف (ل).... وهكذا.

- تقسم الكراسات إلى قسمين يصحح المعلم القسم الأول في المرة الأولى ثم يصحح القسم الثاني بوضع خط أحمر تحت الأخطاء.

- تقسيم الصف إلى مجموعتين يتم تصحيح الموضوع الأول للمجموعة الأولى , وتصحيح الموضوع الثاني للمجموعة الثانية دون الأولى.

الأمور التي يركز عليها المعلم في أثناء التصحيح الكتابي:-

- الناحية الفكرية: وتشمل النظر في الأفكار التي تندرج تحت الموضوع من حيث صحتها وترتيبها والربط بينها.

- الناحية اللغوية:- وتشمل مراعاة قواعد النحو والصرف, والبلاغة, واستعمال الألفاظ, والمعاني التي وضعت لها.

- الناحية الأدبيّة:- ونعني بها أسلوب الأداء , ومراعاة الذوق الأدبي, وجمال التصوير, قوة الدلالة.

- الناحية الإملائية وجودة الخط , وحسن الترتيب والنظام.

عيوب ظاهرة في تعبير الطلاب.

- قلّة الثروة الفكرية في تعبيرهم.

- إهمال الترتيب المنطقي والربط بين الأفكار.

- عدم التحديد في موضوعات الوصف,والالتجاء إلى الوصف العام.

- عدم تقسيم الموضوعات إلى فقرات,بحيث تؤدي كل فقرة فكرة معينة.

-اضطراب في الأسلوب , والتواء في العبارات, والانتقال الفجائي من المخاطب إلى الغائب.

مـشكـلات التعبيـر وعلاجـها (ضعف الطلاب في التعبيـر)

أسباب تعود إلى المعلم:-

- فرض موضوعات تقليدية لا تمثل اختيارهم ولا تفكيرهم, كما أن هذه الموضوعات ليس لدى التلاميذ بها خبرة شخصية وبعيدة عن بيئتهم.

- عدم استجابة الموضوعات المعروضة لرغباتهم وميولهم.

- عدم ترك الحرية للطالب في اختيار الموضوع الذي يريد أن يكتب فيه.

- التحدّث أمامهم باللهجة العامية رغم أنه القدوة الذي يحتذى به.

- عدم استغلال المعلم الفرص لتدريب الطلاب على التعبير في بقية فروع اللغة العربيّة الأخرى.

- عدم توليد الدافع عند الطلاب للكتابة.

- عدم قدرة المعلم على تصحيح جميع الكراسات في الحصة.

- جهل المعلم بالأسس النفسية والتربوية واللغوية للتعبير عندهم.

أسباب تعود إلى الطالب:

- الزهد في القراءة الحرة والالتجاء إلى الملخصات.

- انصرافهم عن الاشتراك في ميادين النشاط اللغوي الموجودة في المدارس.

- قلة كتابتهم تؤدي إلى ضعفهم في التعبير.

والمعلم ليس وحدهُ مسؤولاً عن هذا الضعف, وكذلك الطالب ولكن هناك سلسلة طويلة من المسؤولين بجانبه: مدير المدرسة , والمشرف التربوي , والمؤسسات المساندة , المنزل. فالأسرة لا تشجع أبناءها على القراءة بشراء كتب بل يهتمون بمظاهر البذخ اكثر من أبنائهم **العلاج بسيط وسهل وواضح وهو بمنظوري كما يلي:**

- تدريب المعلم تدريباً جيداً فهو الحصن الأخير الذي يجب أن يصمد.

- التعاون بين البيت والمدرسة لتحقيق هدف الاهتمام بثروة الطالب اللغوية.

- التعاون بين كافة الأطراف لاستخدام التقنيات الحديثة في التعليم, وتوفير الوقت الكافي لمواد على حساب مواداًً أخرى بدراسة معقولة.

- التشجيع المستمر للطلاب, وإثارة الدافعية, ومعرفة الأسس النفسية والتربوية واللغوية ومراعاتها بشكل جيد.

فـــن الاســـتمـــاع

يعدّ الاستماع نوعاً من القراءة بمفهومها الواسع ,على أساس أنه وسيلة إلى الفهم ,وإلى الاتصال اللغوي بين المتكلم والسامع

وقد سبقت الإشارة إلى أن القراءة الصامتة هي قراءة بالعين , وأن القراءة الجهرية هي قراءة بالعين واللسان , ونضيف هنا إن الاستماع هو قراءة الأذن تصحبها العمليات التي تتم بين النوعين السابقين من القراءة.

ويقوم الاستماع على ثلاثة عناصر هي: التنبيه, والتركيز, والمتابعة.

أهمية الاستماع.

تتجلى أهمية الاستماع كنوع من أنواع القراءة في عدد من النقاط من أبرزها:-

- يعد الطريق الطبيعي للاستقبال الخارجي, ومن المعلوم أن القراءة بالأذن اسبق من القراءة بالعين.
- يمثل عماد الكثير من المواقف التي تستدعي الإصغاء والانتباه ,كالأسئلة والأجوبة , والمناقشات, والأحاديث , وسرد القصص, والخطب, والمحاضرات, والبرامج الإذاعية وما إليها [٢].
- يمثل وسيلة فعاّلة للتدريب عن حسن الإصغاء , وحصر الذهن , ومتابعة المتكلم , وسرعة الفهم , ولا يخفى بأن طلبة كليات المجتمع والجامعات , من أكثر فئات الطلبة حاجة إلى قراءة الاستماع , نظراً لأن المحاضرات والاستماع إليها وأخذ الملاحظات المتعلقة بعناصرها ومكوناتها تشكل جانباً مهماً من جوانب تعلّمهم.

---

[٢] جودت الركابي, طرق تدريس اللغة العربية,ص ٩٤.

ومن الملاحظ عدم قدرة البعض على الأخذ بالملاحظات الضرورية عند سماعها وذلك يعود إلى أسباب من أبرزها:-

- عدم قيام نسبة كبيرة من المعلمين بتدريب طلابهم على الاستماع وتلخيص ما يسمعونه.

- عدم تعرّض نسبة كبيرة من الطلبة للمواقف الاستماعيّة الطويلة.

- عدم قناعة الكثير لجدوى الاستماع للمحاضرات والعزوف عنها.

التدريب على الاستماع:

- ينبغي التدريب على الاستماع في كل فرصة ممكنة من حصص اللغة العربية.

- وفي درس القراءة حيث يقرأ المعلم على التلاميذ قصة أعجبته أو موضوعاً أثار اهتمامه ثم تلخيصه.

- في حصة الإملاء قراءة المعلم لموضوع والتلاميذ يستمعون إليه ثم يناقشونه في مضمونه.

- درس التعبير: حيث يمكن أن يلقى المعلم قصة على التلاميذ ثم يناقشهم فيها ويطلب منهم تلخيصها كتابة

الفرق بين السماع والاستماع:

السماع: وصول الرموز الصوتية إلى دماغ الفرد دون أن يكون معيناً لفهم أو إدراك أو تحليل أو نقد أو فك لتلك الرموز.

الاستماع: يستدعي الإصغاء والانتباه , يستقبل الفرد المعاني والأفكار الكامنة وراء ما يسمعه من الألفاظ والعبارات التي ينطق بها المتكلم: ويقوم بتحليلها وشرحها وتفسيرها وتوليد موقف ذاتي منها.

هدف الاستماع:

الهدف العريض الكامن وراء القراءة السمعية , الذي ترمي إليه هو الفهم والاستيعاب وهذا يؤدي إلى إغناء المعارف واكتساب العلوم والخبرات الجديدة , ويتضمن هذا الهدف أهدافاً جزئية تتفرع عنه ومنها:-

- الإلمام بالأفكار الأساسية والأفكار الفرعية لما يسمعهُ السامع والقدرة على تصنيف هذه الأفكار وتبويبها بصورة منطقية متدرجة.

- تلخيص المادة المسموعة تلخيصاً يعطي فكرة متكاملة عن الموضوع ويعكس عناصره الرئيسية.

- تحليل ما يسمعه السامع ونقده , وتقويم الحديث والمتحدث والموازنة بينه وبين غيره في الموضوع الواحد.

تتحقق أهداف الاستماع بالوسائل التالية:

- التدرّب على حسن الإصغاء والانتباه والتركيز على المادة المسموعة ويكون ذلك بممارسة الاستماع والتعوّد عليه ويشمل:

أ- الاستماع إلى المحاضرات والندوات.

ب- الاستماع إلى الخطباء والمتحدثين في المذياع والتلفاز.

ج- الاستماع إلى زملائهم يعرضون آراءهم.

د- الاستماع إلى أحد زملائهم يقرأ قراءة جهرية.

- التدرّب على متابعة الاستماع بصبر دون مقاطعة. مما يجعل من الإصغاء فناً لأنه يحتاج إلى المهارة والجدة في التركيز من خلاله.

أسئلة عامة

١- أكتب تعريفاً من وجهة نظرك حول التعبير؟

٢- حدد أهداف التعبير لكافة المراحل التعليمية ؟

٣- وضح الأسس التي يقوم عليها التعبير؟

٤- متى يجب أن يتعلم الطالب التعبير؟ ولماذا؟

٥- كيف نعلم التلميذ في المرحلة الأساسية التعبير؟

٦- ما الفرق بين التعبير الشفوي والتعبير الكتابي؟

٧- كيف ننهض بالتعبير ونجعله أساساً في حياة الطالب؟

٨- اكتب الطريقة التي تفضلها في تدريس التعبير الكتابي؟

٩- كيف تصحح التعبير الشفوي للتلاميذ؟

١٠- هناك عيوب متراكمة عند التلاميذ في التعبير اذكرها وبين كيفية التخلص منها؟

١١- فرّق بين السماع والاستماع والاستمتاع؟

الوحدة الثانية

أسـاسـيـات فـي فـن الكتـابـة

الأصول العامّة في الكتابة

نشأة الكتابة الفنية

الفكرة العامّة

الأفكار الرئيسية والفرعية (الأفكار الجزئية)

الأُسس المعتمدة في تحليل النص الأدبي

نموذج تحليل نص أدبي.

الأصـول الـعـامّـة في الـكـتـابـة

الكتابة

الكتابة لغة مصدرِ كتب, يقال كتب, يكتب, كتباً, وكتابة, ومكتبة, وكتبه فهو كاتب, ومعناها الجمع , يقال تَكَتَّب القوم إذا اجتمعوا. وقد تطلق الكتابة على العلم ومنه قول الـلـه تعالى" أم عندهم الغيب فهم يكتبون " أي يعلمون, ومنه قول الرسول صلى الـلـه عليه وسلم في أهل اليمن إذ بعث إليهم معاذاً وغيره" إنّي بعثت إليكم كتاباً" وقال ابن الأثير في غريب الحديث "أراد عالماً , سمي بذلك لأن الغالب على من كان يعلم الكتابة أن عنده علماً ومعرفة[١]

والكتابة في الاصطلاح:صناعة تتم بالألفاظ التي يتخيلها الكاتب من مخيلته, ويصور معاني قائمة في نفسه بقلم يجعل الصورة الباطنة محسوسة وظاهرة.

وعرفت الكتابة أيضاً " بأنها صناعة روحية تظهر بآلة جثمانية دالة على المراد بتوسط نظمها.

وقال البعض في الكتابة: هي كل نثر يشتمل على جمال في الأداء, والصياغة في الأسلوب والكتابة الفنية , هي كل نثر يشتمل على جمال في أداء الفكرة وحسن صياغة في الأسلوب. وذهب د. حسين نصار في تحديد مصطلح الكتابة الفنية إلى: أنها الكتابة التي تروّى صاحبها في تجويد المعنى , وتأنى في

---

[١] القلقشندي , صبح الأعشى ج١,ص٥١.

اختيار اللفظ قبل إبرازها لتخرج مجودة لأنه لا يقصد الإفهام وحده , وأنما يقصد إثارة المتعة عند القارئ والإحساس بالجمال "٢" [٢]

نشأة الكتابة الفنية.

ترتبط نشأة الكتابة الفنية بقضيتين رئيستين هما:

١- النثر الفني.

٢-معرفة العرب للكتابة.

وبسبب هاتين القضيتين انقسم الدارسون بين قائل بوجود الكتابة الفنية قبل الإسلام ,وأكثرهم على أنها وجدت بعد الإسلام , ويجمعون أن الشعر سبق النثر الفني لأن الشعر ألصق بعواطف الناس وحاجاتهم للتعبير عن أنفسهم , في حين أن النثر يحتاج إلى تدّبر وهدوء, واستقرار , وحياة العرب في معظمها ليست كذلك.

وقد تصدى عدد من الدارسين لهذه القضية واثبتوا من خلال الاكتشافات الأثرية في جزيرة العرب وبلاد الشام أن العرب قد عرفوا الكتابة, أو كتبوا العهود والمواثيق قبل الإسلام وما تلاه, وقد خصص د. ناصر الدين الأسد صفحات عديدة لإثبات هذه القضية بأدلة عقلية صريحة(١)يضاف إلى ذلك أن بعض العرب سكنوا في الحواضر(المدن) واعتمدوا التجارة مما أدى إلى نوع الاستقرار, وهذا يستلزم ظهور النثر الفني بفرعيه المسموع والمكتوب.

وأكثر ما وصلنا من النثر الجاهلي كان من الأمثال والحكم والخطب واسجاع الكهان ثم أخذ النثر يقوى تدريجياً حتى وصل إلى قمته من حيث الفنية وكثرة الأنواع الأدبية في العصر العباسي.

---

[٢] حسين نصار. نشأة الكتابة الفنية ,ص٣.

الأصول العامّة للكتابة.

تتشكل هذه الأصول من جوانب نظرية تتمثل في ثقافة الكاتب وقدرته اللغوية والفكرية على الكتابة.

ولا بد لهذه القدرة اللغوية والثقافية العامّة والذكاء المبدع من تصور مسبق للفكرة أو الموضوع, ومعرفة علمية في تقسيمه إلى أفكار يساند بعضها البعض بحيث يصبح الموضوع وأفكاره كالبنيان المرصوص.فإذا توافرت فيه هذه الشروط بقي عليه صقل هذه المعارف والقدرات بالممارسة المستمرة والتمرين المتواصل والانفتاح على النقاد كي يهذب أداءه ويرتقي به.

وتلك الأصول نجدها وراء أي كتابة, ففي العصر العباسي , أصبحت الكتابة حرفةً اهتم الكُتاب بها وألفوا الكتب في آدابها وكيفية مزاولتها.

وقد وضع أحدهم صفات للكاتب تتمثل بأن يكون حاد الذكاء, قوي النفس, حاضر الحس , جيد الحدس , حلو اللسان , له جراءة يثبت بها الأمور على البديهة, وحتى يمتلك الكاتب المعرفة عليه أن يتعهد نفسه بحفظ المأثورات في الأدب والإطلاع على أنواع العلوم والثقافات , والإلمام بقواعد اللغة العربيّة وخطها, ويقلد أساليب الكتاب حتى يستقيم أسلوبه.

هناك أبعاد للكتابة تساعد الكاتب على أن يختار المقال المناسب واللفظ المناسب , فعليه أن يتساءل لماذا اكتب؟ ماذا اكتب , متى اكتب, لمن اكتب؟ كيف اكتب؟

- سؤال ماذا اكتب؟ له علاقة بالمادة المكتوبة ؟

- سؤال لماذا اكتب؟ يبين الهدف من الكتابة , ويبين نوع الموضوع الذي سيكتب فيه.

- سؤال متى اكتب؟ عندما يجد موضوعاً حيوياً, وعندما تكتمل المعلومات عندها يكتب

- سؤال لمن اكتب؟ لا بد من اختيار الطبقة التي سأكتب لها ؟

- سؤال كيف اكتب؟ بعد أن تُحدد في ذهن الكاتب الموضوع الذي يريد مناقشته , والهدف الذي يرمي إليه , ومستوى المخاطبين وأداة النشر, يتساءل عن الأسلوب الذي يخرج به تلك الأفكار والشكل الأدبي الذي يريده.

الفكرة العامة.

الفكرة هي الحكم على الشيء ,و تحتاج إلى إحساس وعقل ومعلومات سابقة, والإحساس يتطلب حواراً عقلياً لغوياً صامتاً تنشط فيه خلايا الدماغ لتقديم ما لديها من معلومات , والإنسان حين يفكر يستخدم لغة صامتة مختصرة. وأول ما يرسم في الذهن هو الصورة العامة (الإطار الكلي) أو المعنى الكلّي ثم يأتي بالتحليل لذلك المعنى.

عندما نرى حادثاً مروعاً يرتسم في أذهاننا المنظر ونرى فيه الصادم والمصدوم وما نتج عن ذلك , ثم بالتدريج يدخل الصورة تجمهر الناس, ومحاولاتهم الإنقاذ ثم بالتدرج تأتي أسئلة بسبب التحليل لماذا؟ كيف؟ من ؟ ماذا كانت النتيجة.

إذاً صُلب الحادث هو صلب الموضوع وهو الفكرة العامة (الأساسيّة) التي انبعثت منها أفكار رئيسية وأفكار فرعيّة , وإذا أردنا كتابة الموضوع فإننا لا نكتفي بذكر ما جرى فقط وانما نضيف إليه رؤيتنا حسب ما يلزم , فنذكر

مقدمة تهيئ أو تصف الموضوع قبل الحادث, ثم نذكر الأحداث ونحلل ونصف ونربط بحيث نزود القارئ بما حدث.

ويتضح مما سبق أن لكل موضوع فكرة عامة شاملة حول الإطار الكلّي للموضوع وهذه الفكرة العامة لا تظهر بوضوح إلا باكتمال الموضوع.

*** الأفكار الرئيسية والفرعية للموضوع (الأفكار الجزئيّة).**

لا بد لكل موضوع من أفكار رئيسية وأفكار فرعية ,فالأفكار تظهر في فقرة مستقلة على الأقل أو جزء من الموضوع تحمل فكرة تستقل بمعانيها عن الفكرة التي تليها, وتنقسم الأفكار الرئيسية إلى أفكار جزئية فرعية اصغر, وتدعم الأفكار الفرعية بعضها البعض لتشكل فكرة رئيسية ثم الأفكار بمجملها تقدّم لنا فكرة عامة.

ويتساءل الكاتب عن الأسلوب الذي يخرج به تلك الأفكار والشكل الأدبي وعلى مستوى الأسلوب, يتساءل ,هل يعتمد الأسلوب العلمي ؟ وحينئذٍ لا بد له من معلومات علمية ووثائق قد يستند إليها , أم هل يعتمد الأسلوب السردي المباشر؟ فيبدأ بوصف الظاهرة من المعلوم إلى المجهول بالتدرج , أم هل يعتمد الأسلوب السردي الاسترجاعي؟ فيبدأ بالنتيجة أو ما يريد أن يتحدث عنه ثم يعود إلى أسباب الظاهرة وتطورها ثم ينتهي من حيث بدأ.

ومن حيث الصوت (جرس الحروف المكتوبة) ووقع الكلمات , هل يعتمد على الصوت التقريري الحاد, أم التقريري الهادئ؟ هل يبدأ بالاستفهام الحقيقي أم الإنكاري أم التهكمي, أم يبدأ بالشرط , أم بجملة اسمية ؟ هل يستخدم اقتباساً أم يستخدم إنشاءه ؟

بعد اختيار المقدّمة المناسبة نتنقل إلى فقرة جديدة لنقوي الموضوع إذ لا يمكن بلورة فكرة ناضجة بفقرة واحدة , بل لا بد من عدد من الفقرات التي يحمل كل منها فكرة فرعية تعطى صورة جزئية, أو توضح زاوية من زوايا الموضوع, وقد تتعدد الفقرات التي تقيم في صلب الموضوع , وقد نغير من أسلوب العرض, وننتقل من وصف إلى حوار إلى قص أو استفهام أو سرد, ولا بد لنا من سبك الموضوع بفقرة خاتمة يتوج فيها بالمغزى المقصود أو نلخص ما ذكره أو نستشرف أبعاداً لها علاقة بالموضوع بأسلوب مؤثر ومؤكد للفكرة العامّة.

الأسس المعتمدة في تحليل النصوص الأدبية.

يتم تحديد الأمور التالية:

أ- من حيث المضمون.

- الفكرة العامّة
- الأفكار الرئيسية والفرعية (الجزئية).
- الحقائق.
- الآراء
- المواقف.
- الاتجاهات.
- الشخصيات.
- المكان والزمان.
- الغرض العام.
- ربط النص بالبيئة.
- العواطف.

ب- من حيث الشكل.

- نوع النص

- الأفكار وترابطها.

- الأسلوب.

- المفردات.

- التراكيب اللغوية (مواقف نحوية, الإملاء , الخط, التعبير).

- أنماط لغوية

ج- الأهداف من النص.

٭ أسـس تـنـظـيـم الـمـوضـوع

أن أول عملية ذهنية تتم بعد اختيار الموضوع وتحدد إطاره العام, هي استدعاء المعرفة السابقة إمّا من الذاكرة وأمّا من الرجوع إلى المصادر لتكوين أفكار كافية, وخير وسيلة للكتابة هي رصد الأفكار الأولية على ورقة جانبية ثم طرح الموضوع للنقاش ليسمع وجهات النظر ثم يقيم هيكلاً بالأفكار العامّة والأفكار الرئيسية ثم الفرعية ليصل إلى الإخراج النهائي للموضوع.

عناصر الموضوع الجيد.

١-   العنوان.

وهو مفتاح الموضوع الدال على محتوياته ,فالعنوان فيه تشويق للقارئ ,أثاره فضوله كي يقرأ. والكاتب الجيد هو الذي يستطيع أن يثير فضول القارئ ويجذبه نحو كتابه وعلى الكاتب أن يتأنى في اختيار العنوان ويستفيد من الميزات التالية للعنوان الجيد.

- الوضوح وعدم استخدام الرموز والمجاز البعيد.

- الاختصار فعلى الكاتب أن يختار العنوان من كلمة أو كلمتين أو جملة بسيطة.

- الصحة اللغوية: التقيد بقواعد اللغة ونحوها وصرفها.

- قوة الدلالة: بحيث يجد إيقاعا في نفس القارئ.

- صحة الدلالة: يكون العنوان له علاقة بالموضوع بشكل مباشر ودقيق.

كيف نختار العنوان الجيد ؟

يمكن اختيار العنوان قبل الكتابة, ولكن من الأفضل أنْ نختار العنوان بعد الانتهاء من الكتابة ليضمن الكاتب أن يكون العنوان دالاً وشاملاً على المحتوى, ولهذا يجب أن يكون العنوان واضحاً مختصراً صحيحاً من حيث التراكيب والدلالة.

٢-المقدمة.

وهي المدخل إلى الموضوع والتي تؤكد الانطباع الأولي الذي تكوّن عند القارئ عند قراءتها. فهي تعرفنا بالكاتب وطريقة تفكيره وطرحه, كما إنها تؤثر على القارئ وتشوقه ليتابع القراءة.

ويمكن حصر قوة المقدمة عبر تأثيرها في المتلقين , وأسلوب الجذب والتأثير الذي تحدثه. ومدى فاعلية الأسلوب وقوة الفكرة ومدى وضوحها في أثناء طرحها. ومن شروط المقدمة ألا تكون مختصرة مبهمة ولا طويلة مملة.

ومهما اختلفت المقدّمات فإنها غالباً ما ترتبط بالموضوع وتمهد إلى ذكره.

٣-العرض.

ويقصد به تعميق الموضوع وتعريفه ومناقشته مناقشة تستوفي أجزاءه من زوايا مختلفة , وهذا التعميق يتم على هيئة فقرات بأفكار فرعية في صُلب الموضوع وكل فقرة تتكون من جمل, وكل جملة تعتمد على سلامة اللغة, واللغة تترجم بتسلسل الأفكار وترابطها لتُقدمَ لنا موضوعاً متكاملاً.

عناصر العرض (المحتوى) وشروطه:

-الأفكار, ضرورة تسلسل الأفكار وترابطها.

-لغة الموضوع, سهلة ,سلسلة مفهومة, واضحة, عذبه, سليمة.وتتكون من:

أ-الفقرة.

تحمل معنى من معاني الموضوع وتدور حوله(الفكرة الفرعية) ويجب أن تتميز بالوحدة والتجانس, وهذا يعني أنها تدور حول فكرة أساسية واحدة.

ب-الجملة.

هي الوحدة الأساسية للكلام , وهي وسيلة لنقل الأفكار والمشاعر وتقديم الصورة حية للمتلقي, فمن الضروري الاهتمام بها بحيث تحمل الدلالة في كلماتها, ويمكن تجميل الجمل بإدخال عناصر النحو والصرف فيها. واستخدام السجع وأساليب البلاغة , والتقديم والتأخير والحذف والإيجاز ,كما أن فصاحة الكلمة في الجملة تحدث تصوراً في الذاكرة من الصعب أن تتلاشى.

لذا على الكاتب أن يراعي شروط القوة في الجملة. المتمثلة في الوضوح, والتسلسل دون انقطاع المعنى , والانسجام والصلة بحيث تكون ذات علاقة مترابطة ومنسجمة مع الموضوع العام. ويجب أن تكون الجمل عميقة وليس لها معان سطحية, كما أن الاعتدال في كتابة الجمل أمر ضروري فلا يكثر الكاتب

من الحشو أو تطويل الجمل ولا يعالج بعض الأفكار بجمل كثيرة في حين يشير إلى بعضها بجملة واحدة ومن الضروري استخدام علامات الترقيم التي تعطي دلالات انطباعية عن الجمل , ناهيك عن صحة صياغتها لغويا.

ج- اللفظة (الكلمة).

ومن مكونات الجملة اللفظة ,فإذا صلح اختيار الألفاظ ووضعت في مكانها الدلالي والنحوي المناسب واستطاع الكاتب أن يحسن التصرف بها فإنه يكون قد ملك أدوات الكتابة, لذا يشترط في اللفظة الجيدة, أن تكون صحيحة بحسب قواعد اللغة فصيحة , ومناسبة للمعنى والمقام موحية بهما , ويكون إيقاعها مناسباً للفكرة واختيار الكلمات يدل على تمكّن الكاتب وحسن تصرفهِ.

٤- الخاتمة.

آخر جزء من الموضوع يهدف إلى تكثيف الفكرة العامّة وترسيخها في ذهن المتلقي قبل وداعهِ, وتعتبر الخاتمة خروجاً من الموضوع وتهدف إلى تكثيف بنود الموضوع بطريقة مؤثرة فاعلة.

وتعتبر الخاتمة تجمع ما تشعب من الموضوع , وتقود النظر إلى مقصد الكاتب ومغزاه.

الكاتب يختار الطريقة التي يختتم بها الخاتمة باستعادة أهم الأفكار السابقة في, جمل مفيدة أو الاقتباس والتضمين بآيات قرآنية أو حديث شريف...الخ،أو إنهاء الموضوع بجمل استفهامية أو جمل مثبته مؤكدة مختصرة.

نموذج لتحليل (نص).

تحليل محتوى درس (أمي):

أ- من حيث المضمون.

- الفكرة العامّة: وصف الكاتب أحاسيسهُ لأمه, إعجاب الكاتب بأمه, التركيز على حنان الأم.

-الأفكار الجزئية:

- وفاة والد الكاتب.

- تعليم الأم لأبنها كيفية تذليل الصعاب.

- محاولة الأقارب منع الابن من الدراسة.

- سهر الأم على راحة ابنها.

- تأثر الكاتب بموت أمه.

-الحقائق:

- الموت

-الآراء :

- رأي الكاتب في أمه.

- رأي الأم في تربية أولادها.

- رأي الأقارب في إكمال الابن دراسته.

- رأي الأم حين استقال ولدها من الوظيفة.

-المواقف:

- موقف الابن حين كان يغضب أمه.

- موقف الأقارب.

- موقف الأم حين كان يمرض ولدها.

- موقف الأم عندما يقلق ولدها.

- موقف الكاتب حين وفاة أمّه.

-الاتجاهات والقيم :

- احترام الابن لأمه.

- زرع الثقة في نفوس الأبناء.

- احترام العمل.

- الحزم والتدبير

- محافظة الإنسان على العهد.

- الشخصيات :

-الكاتب , والدة الكاتب (الأم) , الأقارب.

-المكان والزمان: الزمان: العصر الحديث. المكان: القاهرة (مصر).

-الغرض العام:ما دعى الكاتب كتابة هذا النص: وصف إحساسه نحو أمه.

- ربط النص بالبيئة:

- الفقر.......... الناحية الاقتصادية.

- أرملة – يتيم......... الناحية الاجتماعيّة.

- الرغبة في التعليم........ الناحية الثقافية.

- العواطف:

- عاطفة حب الأم.

- عاطفة حزن الكاتب لوفاة والدته.

- عاطفة الاعتزاز بالأم بما تنجزه من تربية.

- عاطفة الإيمان الصادق بالله.

من حيث الشكل.

- نوع النص:مقالة.

- الأفكار فيه واضحة , متسلسلة , بسيطة.

- الأسلوب: السرد (الإخباري).

- اللغة: سهلة وبسيطة.

- المفردات الجديدة التي استخدمها الكاتب مناسبة للنص.

التراكيب اللغوية :-

أسلوب النفي: الاستدراك, التوكيد, أسلوب النداء.

أسلوب الأمر: الفعل المضارع , المفرد والمؤنث والجمع.

أدوات النصب.

أسئلة عاّمة

١-   حدد مفهوماً ذاتياً للكتابة؟

٢-   ما هي الفكرة العامّة؟

٣-   بين الأسس المعتمدة في تحليل النص الأدبي؟

٤-   أختر نصاً من دروس اللغة العربية, وقم بتحليله بحسب ما تعلمت؟

٥-   كيف تحكم على النص بأنه جيد من وجهة نظرك؟

٦-   فرّق بين المقدّمة والخاتمة في النص الأدبي ؟

الوحدة الثالثة

فـــن الـرســالــة

تعريفها

مميزات الرسالة

الرسائل في العهود السابقة

أنواع الرسائل

خطوات تحليل الرسالة

تحليل رسالة أبي حيان التوحيدي

تحليل رسالة التوابع والزوابع لابن شهيد.

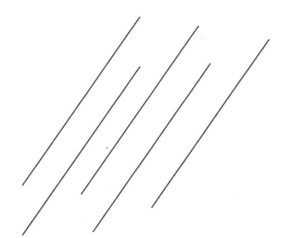

الـرسـائـل

الرسالة من فنون النثر الأدبي , وهي مرتبطة بتحضر المجتمع ووجود مؤسسات منظمة,
لذا تجد أثرها من عهد الرسول صلى الـله عليه وسلم ومثالها ما كتبه كاتب الرسول (ص) إلى
المنذر بن ساوى" بسم الـله الرحمن الرحيم , من محمد رسول الـله إلى المنذر بن ساوى سلام
عليك ,فإني أحمد الـله اليك الذي لا إله غيره, أمّا بعد اذكر الـله عزّ وجّل.....الخ "

تعريف الرسالة:

الرسالة قطعة من النثر الفني , تطول أو تقصر لمشيئة الكاتب , وغرضه وأسلوبه وقد
يتخللها الشعر إذا رأى لذلك سبباً , وتكون كتابتها بعبارة بليغة وأسلوب حسن رشيق , وألفاظ
منتقاة, ومعان طريفة.

ميزات الرسالة.

- العبارة البليغة , والمتوازنة والمتقابلة.

- الأسلوب الرشيق.

- الألفاظ المنتقاة الجزلة والموجزة.

- لطف الخيال.

- المعاني الظريفة.

- المرونة والتحرر من قيود الشعر.

- الدقة بالتعبير.

- الصياغة مضبوطة ومحكمة.

- يكثر فيها التقابل والتفاصح واستخدام كلمات من القرآن.

- الإكثار من سجع الكلام.

* الـــرســـائـــل فـــي الـعـــهـــود الـســـابـقـة

أولاً: عهد الرسول صلى الـلـه عليه وسلم والخلافة الراشدة.

تميزت الرسائل في عهد الرسول صلى الـلـه عليه وسلم بأنها موجزة في الغالب , وتفتتح بالبسملة ,ثم بعبارة " من محمد رسول الـلـه إلى فلان" أو "هذا من محمد رسول الـلـه إلى فلان " ثم يأتي بالسلام فيقول:"سلام عليك" للمسلم, و"السلام على من اتبع الهدى لغير المسلم , ثم الموضوع , ثم يختمها بالسلام أو الدعاء.

وكتب الخلفاء من بعده رسائل على النسق السابق , وتميزت هذه الرسائل وتلك بلغة الخطاب العادية التي تعتمد على البساطة , ولكنها موشاة بشيء من الجمال الطبيعي ,كما تميزت بالإيجاز والاستغناء بالكلمة الدالة والإيماء الموجز بأقل الألفاظ , ومع ذلك نجد تكراراً لبعض الأفكار للتأكيد , وخير مثال على ذلك رسالة عمر بن الخطاب في القضاء.

ثانياً: الرسائل في عهد الدولة الأمويّة:

أخذت الرسائل تصدر في عهد الدولة الأموية عن ديوان خاص بها زمن معاوية , فقد أدخل ديوان الرسائل والخاتم الذي يختم الرسائل الصادرة عنهُ , إضافة إلى ما كان قد أدخله عمر بن الخطاب من ديوان الجند والعطاء, وهذا يدل على أهميتها ونموها , وأخذت الرسائل تنمو وتزدهر بعد تعريب الدواوين على يد عبد الملك بن مروان الذي أولى نظام البريد أهمية فائقة بسبب اتساع

رقعة الدولة الإسلامية , يضاف إلى ذلك كثرة الحركات السياسية والعسكرية التي أدت إلى نشاط هذا الفن الأدبي , فاتخذ الحكام والولاة والأمراء كتاباً خاصين لهم , تتوفر فيهم القدرة اللغوية والأدبية والثقافية, وقد نتج عن هذا النشاط أنواع من الرسائل وتفرَّعت , فظهرت **أربعة اتجاهات هي**:

- **الرسائل السياسية والحربيّة** , ومن أعلامها زياد والحجاج , وقطري بن الفجاءة والمختار الثقفي وسالم مولى هشام , وعبد الحميد الكاتب , وغيرهم من أهل البلاغة والبيان.

- **الرسائل الدينية والأخلاقية**، ومن أعلامها الحسن البصري وغيلان الدمشقي.

- **الرسائل الإخوانية والاجتماعية** , وفيها تكاتب الناس بسبب اتساع رقعة الدولة في شؤونهم الشخصية في موضوعات خاصة مثل التهاني والتعازي والاعتذار.

ومن ذلك رسالة محمد بن علي بن آبي طالب (المعروف بابن الحنفية) إلى أخيه الحسين يعتذر إليه ويصالحه.

- **الرسائل الإدارية**،التي كان يوجهها الخلفاء إلى الأمراء والقادة لبيان بعض الأمور والتوجيهات والنصائح , مثل رسالة عمر بن الخطاب إلى أبي موسى الأشعري في القضاء.

ومن ميزات الرسائل حتى نهاية العصر الأموي ما يلي:

- أنها أخذت تميل إلى الطول نسبياً بسبب ما كانت تحويه من جَدَل.

- بدا عليها بعض التأنق في اختيار الألفاظ والجمل.

- تدعيم الأفكار باقتباسات من القرآن والحديث.

- السجع والكناية والطباق والتوازن بين الجمل كان طبيعيا دون تصنيع.

- كثرة الاستدلالات والتحميدات الطويلة.

- جودة التقسيم والتسلسل المنطقي.

ثالثاً: الرسائل في العصر العباسي.

شهدت الرسائل رقياً عاماً في جميع مناحي الحياة, فقد احتل ديوان الرسائل مركزاً خطيراً, وأصبحت وظيفة الكاتب تتطلب ثقافة عالية في علوم العربية والشرعية والتاريخ والجغرافيا , بل فضلوا معرفة لغات أجنبية, ويعد ابن العميد أستاذ عصره من التصنع الكتابي , وصوره اللطيفة, رسالته إلى ابن بلكا عند خروجه على ركن الدولة ,فبعث إليه." إليك كتابي وأنا متأرجح بين طمع فيك , ويأس منك , وإقبال عليك , وإعراض عنك " فلما قرأها ابن بلكا رجع وأناب , وقال: لقد ناب كتاب ابن العميد عن الكتائب.

لقد تميزت الرسائل في العصر العباسي بما يلي:

- حسن اختيار الألفاظ.

- براعة أداء المعاني.

- حرصهم على عمق المعاني وتعميق الصور البيانية"[1]

- التكلف والتصنع.

- كثرة السجع والمقابلة.

---

[1] شوقي ضيف , النثر الفني , ص , ١٩٤

رابعا: الرسائل في العصر الأندلسي.

النثر الفني الأندلسي يتمثل أكثر ما يتمثل في الرسائل التي أنشأها كتّابة, وقد حظيت كتابة الرسائل الأدبية بكتّاب مُعظمهم من فرسان الشعر الأندلسي,وبدأ تأثر هؤلاء الكتَّاب في نثرهم بأساليب النثر العربي ومذاهبه المختلفة فاستطاعوا بما أوتوا من موهبة شعرية , وذوق أدبي , ولطف خيال,أن يرتقوا بأساليب تعبيرهم وأن يفتنوا فيها , حتى ليبدو بعض نثرهم وكأنه شعر منثور لا ينقصه غير الوزن والقافية.

وقد استطاعوا بما لهم من حرية الكلمة أن يجولوا برسائلهم في كل مجال , وأن يعالجوا من الموضوعات كل قريب وبعيد, وأن يطيلوا ما شاءوا, وان ينهج كل كاتب منهم في صناعته النهج الذي يرتضيه ويلبي ميوله ولم تلبث الكتابة الأدبية بالأندلس أن أصبحت على أيدي كبار كتابها أداة تعبير وعرض لشتى الموضوعات حتى فاقت الشعر بفضل ما في صناعة النثر من المرونة والتحرر من قيود الوزن والقافية.

مـمـيـزات الـرسـائـل في الـعـصـر الأنـدلـسـي:

- الكاتب لا يسير على ركيزة واحدة ولا يلتزم نمطا معينا.

- المرونة والتحرر من قيود الوزن والقافية.

- الاستعانة بجزالة التراكيب.

- استخدام الاستعارات والكنايات.

- التزام السجع والإكثار من الدعاء

خامسا: الرسائل في العصر العثماني.

أما في العصر العثماني فقد أُهمل الديوان وأصبحت اللغة التركية هي اللغة الرسمية, فعمَّ الضعف وكثرت الأخطاء اللغوية والنحوية , وغلب عليها اجترار الأساليب السابقة , فأصبحت المحسنات البديعية هدفا.

فاختفى مصطلح الرسائل الديوانية وحل محله الرسائل الرسمية, وهي التي تكون بين أي مسؤول وأخر بصفة رسمية , أو من شخص ما إلى مسؤول وآخر أو العكس ,فالرسائل الصادرة عن الديوان الملكي أو الأميري أو ديوان الرئاسة , أو تقديم طلب وظيفة لمسؤول كل ذلك يسمى رسائل رسمية.

مميزات الرسائل (الرسمّية) في العصر العثماني.

- القصر والإيجاز.

-اتباع نسق معين أو نموذج واحد.

- خلوها من المحسنات البديعية.

أنـــواع الــرســـائــــل

١- الرسائل الديوانية.

الرسائل الديوانية منسوبة إلى الديوان , ويقال لها أحياناً الرسائل السلطانية , وهي التي كانت تصدر عن ديوان الخليفة أو الملك يوجهها إلى ولاته وعُماله وقادة جيوشه, بل والى أعدائه أحياناً منذراً متوعداً. وقد كان لكل خليفة كاتبهُ الذي يتولى الكتابة عنه في كل مهام الدولة وشؤونها من رسائل ومنشورات وعهود ومبايعات وغيرها, ولم يكن يرقى إلى منصب الكتابة لدى الخلفاء والملوك إلا كبار الأدباء والشعراء في عصرهم ومع ذلك فهذا

النوع من الرسائل مهما بولغ في أجادته الفنية , فأنه لا يخرج عن كونه متصلاً بحادث أو أمر عارض , وقلما تكون له صفة الدوام التي تهم الناس في كل زمان ومكان.

وتجدر الإشارة إلى أن أسلوب الرسائل الديوانية لا يسير على ركيزة واحدة ولا يلتزم نمطاً معيناً ,وإنما هو يتفاوت بتفاوت الأغراض ومقتضيات الأحوال , فعندما يكون غرض الرسالة الإنذار والتهديد يستخدم الأسلوب الذي يروّع ويخيف بالكلمة المشبعة بالوعيد مع الاستعانة بجزالة التراكيب, واستخدام الكنايات التي تومئ ولا تصرح بما يبيت لهم إنْ هم غدروا , وعندما يكون الغرض من الرسالة (المبايعة) يستخدم الكاتب البلاغة التي تتطلب ألفاظا في معانيها الحقيقية لا المجازية حتى لا تحتمل التأويل والتفسير.

نموذج من الرسائل الديوانية.

كتب عمر بن الخطاب إلى أبي موسى الأشعري رسالة فيها بعد البسملة.

أمّا بعد , فإن للناس نفرة عن سلطانهم , فأعوذ بالله أن تدركني وإياك عمياء مجهولة وضغائن محموله, أقم الحدود , ولو ساعة من نهار, وإذا عرض لك أمران أحدهما لله والآخر للدنيا, فآثر نصيبك من الـلـه , فأن الدنيا تنفذ والآخرة تبقى.

وأخيفوا الفسّاق اجعلوهم يداً ورجلا رجلا, عُد مرضى المسلمين , واشهد جنائزهم , وافتح لهم بابك , وباشر أمورهم بنفسك ,فإنما أنت رجل منهم , غير أن الـلـه جعلك أثقلهم حملاً.

وقد بلغني أنه قد فشا لك ولأهل بيتك هيئة في لباسك , ومطعمك , ومركبك , ليس للمسلمين مثلها , فإياك يا عبد الـلـه أن تكون بمنزلة البهيمة مرت بواد خصيب فلم يكن لها هم إلا السمن وإنما حتفها في السمن.

وأعلم أن العامل إذا زاغ زاغت رعيته , وأشقى الناس من شقي الناس به.

والسلام.

في هذه الرسالة الديوانية التي أرسلها عمر بن الخطاب إلى واليه أبي موسى الأشعري فكرة عامة عن حكم الرعية بالعدل. فهو يرى أن الناس ينفرون من السلطان , وعلى السلطان إلا يبادلهم الضغينة , مع أن هو المتوقع , لذا يستعيذ بالله أن تدركه عمياء الضغينة فينتقم منهم. وهو مع تصوره للعلاقة غير المتكافئة بين الراعي والرعية حرصه على اللطف بالرعية , فأنه يأمرهُ بإقامة الحدود لأنها تروع من تسول له نفسه فعل المنكرات , وبذلك يقيه منها ويحافظ على ولايته دون مشكلات وفي خِضَم هذه الحياة وتياراتها المتشعبة يعرض للمرء كثير منها بما يتعلق بالحكم والحدود , فيوصي عمر أبا موسى أن يؤثر الآخرة لأنها أبقى.

ثم ينتقل إلى الشؤون الاجتماعية التي يتماسك بها المجتمع ويحب بعضه بعضاً, ومن أهم القضايا التي تؤثر في نفسية المجتمع العدل , ولذلك أفردنا للفقرة الثالثة مكانها لما حظيت من اهتمام المرسل , فبعد أن أرسى مبادئ الحكم بالعدل , أتى بمثل أو حادثة تفجر قضية العدل وتظهرها , وهي أن أبا موسى ميّز نفسه أو ربما زينت له نفسه التفرد بالحكم والهيئة , فأعطاه مثالاً لا يغيب عن الأذهان , فإياك يا عبد الـلـه أن تكون بمنزلة البهيمة ويختتم رسالته

بالتركيز على اهمية الوالي وقدوته الحسنة ,فأن زاغ زاغت رعيته والزيغ إنذار مبكر بالدمار.

هذا التحليل للنص راعى كيفية توسيع الموضوع والتركيز على عناصره بأساليب منوّعة التي اشتملت التقرير ,والأمر, والنهي , والمثال, والحقيقة والتدرج من العام إلى الخاص , ثم الانتقال إلى العام.

ونلاحظ في هذا النص أن الجمل واضحة التنويع فبعضها مقسم تقسيماً إيقاعيا وبعضها منساب وبعضها قصير وبعضها طويل , وقد جاءت الجمل على الطبيعة دون أن يقصد الكاتب إلى الحذلقة المباشرة, مما جعل الخط العاطفي يبرز لنا رجلاً حازماً مخلصاً مهتماً.

٢- الرسائل الاخوانيّة.

الرسائل الإخوانيّة:هي تلك الرسائل التي تدور بين الإخوان والأصدقاء والخلصاء , ومنها أيضاً الرسائل التي يرسلها الكاتب إلى من يريد أن يخطب مودته أو يلتمس أمراً من الأمور, وهذا النوع من الرسائل ميدان فسيح للإبداع يتبارى فيه الكُتَّاب والأدباء, ويتيح لأقلامهم وقرائحهم أن تنطلق على سجيتها وأن يعبر أصحابها عن عواطفهم الشخصية في لغة مصقولة منتقاة وأساليب قوية موشاة.

وقد اعترف النقاد بقيمة الرسائل الاخوانية , لاشتراك الكافة في الحاجة إليها , وإذا كان الكاتب ماهراً متمرساً بالكتابة , تسّهل له فيها مالا يكاد أن يتسهل في الكتب التي لها رسوم وصيغ لا تتغير.

والرسائل الاخوانية أنواع شتى أوصلها صاحب كتاب"صبح الأعشى "إلى سبعة عشر نوعاً هي , التهاني , التعازي , التهادي, الشفاعات, التشويق

,الإستزارة , اختطاب المودة , خطبة النساء, والاستعطاف , الاعتذار, الشكوى, استماحة الحوائج, الشكر, العتاب, السؤال عن حال المريض, الأخبار, المداعبة.

وللأدباء في الاخوانيات رسائل كثيرة أجادوا فيها واحتفلوا بأساليبها فمنها القصير والطويل الذي يستوعب صفحات, وقد طرقوا في رسائلهم موضوعات شتى , وفيما يلي نموذج من الرسائل الإخوانيّة للاستدلال بها على طبيعتها وأساليبها وطرق معالجتها.

من رسائل أبي حفص ابن برد الأصغر المتوفى (-٤٢٨هـ) رسالة في عتاب صديق يقول فيها:

" أظلم لي جو صفائك , وتوعّرت عليَ أرض إخائك, وأراك جلد الضمير على العتاب , غير ناقع الغُلّةَ [١] من الجفاء , فليت شعري ما الذي أقسى مهجة ذلك الود, وأذوى زهرة ذلك العهد

عهدي بك وِصلتنا تفرق من اسم القطيعة , ومودّتنا تجلُ عن صفة العتاب ونسبة الجفاء, والبوم هي آنسُ بذلك من الرضيع بالثدي , والخليع بالكأس , وهذه ثغرة إن لم تحرُسها المراجعة , وتُذكَ فيها عيوب الاستبصار توجّهت منها الحيلُ على هدم ما بيننا, ونقص ما اقتنينا , وتلك ناعية الصفاء والصارخة بموت الإخاء.

لا انتبذ [٢]- أعزك الـلـه – من الكتاب إليك , وإن رغم أنفُ القلم , وانزوت أحشاءُ القرطاس, وأخرس فم الفكر , فلم يبق في أحدهما إسعادُ لي على مكانتك , ولا بشاشةُ عند محاولة مخاطبتك , لقوارص عتابك, وقوارع ملامك , التي قد أكلبتُ أقلامك, وأغصّت كتبك, وأضجرت رُسلك...

[١] نقع الغلة: أروي العطش
[٢] لا انتبذ: لا اكفُ عن.

وكثيراً ما يكون عتاب المتصافين حيلة تسير المودة بها , وتستثار دقائن الأخوة عنها , كما يعرض الذهب على اللهب , وتصفق [٣] المدام بالقدام [٤] وقد يخلصُ الود على العتب خلاص الذهب على السبك , فأما إذا أعيد وأبدي ,وردد ووليَ , فإنه يفسد غرس الإخاء, كما يفسد الزرع توالي الماء". [٥]

تتحدث الرسالة على عتاب رقيق يحّمل صاحبه ألفاظه معانٍ عاطفية تمتاز بسهولتها وحسن اختيارها , كما أن قصر الجمل , واستخدام التشبيه يعطي دلالات حسيّة وجدانية , ونرى في الرسالة لطف الخيال , وقوة العاطفة والمراوحة بين السجع والازدواج , وتجسيم المعاني عن طريق الاستعارة..

٣- الرسائل الأدبيّة.

ازدهرت الرسائل الأدبيّة في العصر الأندلسي والعصر العباسي , إذ اتخذها الأدباء لتصوير عواطفهم ومشاعرهم في الخوف والرجاء, والرغبة والمديح والهجاء والسخرية ونافسوا الشعراء في المجال الوجداني , واظهروا براعة فائقة ,إذ كان كثير منهم بلغ الذروة في الفن الكتابي , حتى أن الكاتب كان يلائم بين اللفظة واللفظة بل أحياناً بين حرف وحرف حتى يأسر العقول والألباب, فكان الكاتب في الرسالة الأدبية يجري فيها الطباق , والتقابل والاستعارات والصور والرَّصف الدقيق للعبارات , والنسج المتين , وانتشر السجع بين الرسائل الأدبية الخالصة , وكان الجاحظ قد أشاع في تلك الرسائل أسلوب الازدواج المعروف به, غير أن من تلوه في القرن الثالث الهجري أخذوا يدخلون عليها السجع ويكثرون منه , على نحو ما تصّور ذلك رسالة لأبن المعتز ,

[٣] تصفق: نصب
[٤] الغرام: المصفاة التي توضع على فم الإبريق
[٥] الذخيرة: ٢/١ ,ص٢٢.

وهي أشبه بمناظرة ,بل أن ابن المعتز أضاف إلى السجع ألوانا من البديع (الطباق ,التشبيه, الزخارف والخيال).

ومن أشهر الرسائل الأدبيّة في الأندلس رسالة (التوابع والزوابع) وقد اختار الكاتب لرسالته هذا الاسم , لأنه جعل مسرحها عالم الجن , فالتوابع هم الجن , والزوابع هم الشياطين , وسبب كتابة هذه الرسالة , أن بعض النقاد كانوا ينتقصون من قيمة شعر بن شهيد , فرد عليهم أبن شهيد بهذه الرسالة الأدبية , وملخصها أن تابعه الجني جاءهُ مرة وعَرَضَ عليه أن يذهب معه في زيادة عالم آخر, يقابل فيه من يشاء من الكتّاب والشعراء والسامعين فوافق ابن شهيد على ذلك , وحل على متن تابعه الجني حتى وصل إلى أرض الجن وهناك طاف على صاحب امرئ القيس , والبحتري , وأبي نؤاس , وقد سمع كل هؤلاء شعر ابن شهيد فاعجبوا به وشهدوا بأنه شاعر فحل...... الخ, وانتهى برحلته الخيالية بعد أن عاد إلى عالم الأنس , وبعد أن طوَّفَ في عالم التوابع والزوابع.

واليك عزيزي القارئ نموذجاً من الرسائل الأدبية.

قال: " وكان أحمد بن عبد الوهاب مُفرط القِصر" فقد بعث له رسالة."بسم الله الرحمن الرحيم " أطال الله بقاءك , أتم نعمته عليك , وكرامته لك , قد علمت - حفظك الله - أنك لا تُحسد على شيء حسدك على حُسن القامة وضِخم الهامة , وعلى حور العين , وجودة القد , وعلى طيب الأحدوثة , والصنيعة المشكورة , وإن هذه الأمور على خصائصك التي بها تكلف , ومعانيك التي بها تلهج وإنما يحسدُ - أبقاك الله - المرءُ شقيقهُ في النسب , وشفيعهُ في الصناعة ونظيره في الجوار.

وأنت تزعم أن هذه المعاني خالصة لك , مقصورة عليك , وإنها لا تليق إلا بك ولا تحسن إلا فيك , وأن لك الكُلّ وللناس البعض , وان لك الصافي ولهم المشوب , وهذا سوى الغريب الذي لا نعرفه والبديع الذي لا نبلغه ...الخ.

٤- الرسائل الرسميّة.

هي الرسائل الصادرة عن مسؤول أو مقدمة إلى مسؤول أو هيئة حكوميّة أو خاصة أو رسالة يقدّمها شخص لطلب وظيفة تسمى رسالة رسمية,وهي تعبر عن فكرة عامة يتناقشها الشخصان: المرسل والمرسل إليه , ويعبر فيها عن موضوع مشترك بينهما , وتميل إلى القصر والإيجاز واتباع نسق معين حتى وصل الأمر ببعض هذه الرسائل أن أصبحت نموذجاً جاهزاً يحتاج إلى كتابة الاسم والتاريخ فقط.

الرسالة الرسمية تبدأ بالبسملة ثم بالمرسل والمرسل إليه (وعادة يكون العنوان تحت الشعار) ثم يأتي عنوان المرسل إليه ثم التحية ثم الموضوع , فالخاتمة فالتوقيع ويضاف إلى ذلك تاريخ الرسالة , وهذه الأصول قد يختلف موقعها من الرسالة بسبب التوفيق بين الرسائل الغربيّة والعربية, ولا ضير في ذلك لأنه خلاف في الشكل , ولا سيما أن الاتفاق حاصل في الموضوع والعرض ومكانه.

وقبل أن نعرض نموذجاً من الرسائل ننبه إلى الأسس التالية في الرسالة:

- وضوح الفكرة , فيجب أن يعرف الكاتب ما يريد الكتابة فيه بدقة واختصار لأن المرسل إليه يقرأ الكثير من الرسائل , ووضوحك المختصر يساعده على فهمك ومساعدتك , لكن الاختصار لا يعني الغموض , وعليه فان بعض الرسائل تذكر الموضوع مختصراً ثم تشرحه في العرض.

- ذكر المعلومات المتعلقة بالموضوع فأن كان الموضوع طلب وظيفة يشير الكاتب إلى مصدر معلوماته , وإذا كان الموضوع اعتراضاً على شيء فعليه ذكر الرسالة السابقة وتاريخها ورقمها وموضوعها , ثم يأتي بالرد.

- عدم التكرار فذلك مما ينفر المرسل إليه.

- عدم استعمال الكلمات النافره سواء في المدح أو التزلّف أو القدح.

- تنظيم الكتابة على ورقة بيضاء مع مراعاة حسن التنظيم وجعل الموضوع في فقرات.

- لا تنس كتابة الاسم والعنوان للمرسل والمرسل إليه.

- لا تنس كتابة التاريخ.

نموذج تحليل رسالة إخوانية

أبو حيان التوحيدي، يحرق كتبه.

"وافاني كتابك الذي وضعت فيه ما نال قلبك والتهب في صدرك من الخبر الذي نمى إليك [١] فيما كان مني من إحراق كتبي التعيسة بالنار وغسلها بالماء , فعجبت من انزواء وجه العذر عنك في ذلك , كأنك لا تقرأ قولُهُ عز وجل " كل شيء هالك إلا وجهه له الحكم واليه ترجعون " وكأنك لم تأبه لقوله تعالى " كل من عليها فان , وكأنك لم تعلم أنه لا ثبات لشيء في الدنيا وإن كان شريف الجوهر كريم العنصر , وما دام مقلَّباً , بيد النهار والليل , معروضاً على أحداث الدهر وتعاور [٢] الأيام.

ثم إني أقول: إن كان -أيدك الـلـه- قد نقب خفك ما سمعت , فقد آدمي أظلي [٣] ما فعلت , فليهن عليك ذلك , فما انبريت له ولا اجترأت عليه حتى استخرت الـلـه عز وجل فيه أياماً وليالي, وحتى أوحى إلي في المنام بما بعث

---

(١) نمى إليك: بلغك

(٢) تعاورته: تداولته

(٣) الأظل: باطن خف الجمل

راقد العزم , وأجدَّ فاتر النية , وأحيا ميت الرأي وحث على تنفيذ ما وقع في الروع [٤] وتربع [٥] في الخاطر , وأنا أجود عليك الآن بالحجة في ذلك إن طالبت , أو بالعذر إن استوضحت , لتثق بي فيما كان مني , وتعرف صنع اللـه تعالى في تثبيته لي:

إن العلم - حاطك اللـه - يراد للعمل,كما أن العمل يراد للنجاة ,فإذا كان العمل قاصراً عن العلم , كان العلم كلاً [٦] على العالم , وأنا أعوذ بالله من علم عاد كلاً وأورث ذلاً , وصار في رقبه صاحبة غلّا [٧] وهذا ضرب من الاحتجاج المخلوط بالاعتذار ,ثم اعلم - علمك اللـه الخير - أن هذه الكتب حوت من أصناف العلم سره وعلانيته, فآما ما كان سراً فلم أجد له , من يتحلى بحقيقته راغباً, وآما ما كان علانية فلم أصب من يحرص عليه طالباً , على أني جمعت أكثرها للناس ولطلب المثالة [٨] منهم ولعقد الرياسة بينهم ولمد الجاه عندهم , فحرُمت ذلك كله - ولا شك في حسن ما اختاره اللـه لي وناطه بناصيتي [٩] , وربطه بأمري - وكرهت مع هذا وغيره أن تكون حجّة عليّ لا لي.

ومما شحذ العزم على ذلك ورفع الحجاب عنه أني فقدت ولداً نجيباً وصديقاً حبيباً وصاحباً قريباً , وتابعاً أديباً ورئيساً مثيبا [١٠] فشق علي أن أدعها لقوم يتلاعبون بها , ويدنّسون عرضي إذا نظروا إليها , ويشتمون بسهوي وغلطي إذا تصفحوها ويتراءون [١١] نقصي.

---

[٤] الروع: القلب
[٥] تربع جرى ,جاء وذهب.
[٦] الكلّ: الثقل
[٧] الغل: القيد
[٨] المثالة: حسن الحال.
[٩] ناطه بناصيتي: ربط مقدمة الشعر
[١٠] المثيب: جازى وكافأ
[١١] الترائي: ينتظرون إلى بعضهم.

وعيبي من أجلها , فأن قلت: ولم تسمهُم [1] بسوء الظن , وتقرع جماعتهم بهذا العيب ؟ فجوابي لك أن عِياني منهم في الحياة هو الذي يحقق ظني بهم بعد الممات , وكيف اتركها لأناس جاورتهم عشرين سنة [2] فما صح لي من أخذهم وداد ولا ظهر لي من إنسان منهم حفاظ ؟ ولقد اضطررت بينهم بعد الشهرة والمعرفة في أوقات كثيرة إلى أكل الخضر في الصحراء والي التكفف [3] الفاضح عند الخاصة والعامّة , والى بيع الدِّين والمروءة , والى تعاطي الرِّياء بالنفعة والنفاق , والى مالا يحسن بالحر أن يرسمه بالقلم , ويطرح في قلب صاحبه الألم ,وأحوال الزّمان بادية لعينك , بارزة بين مسائك وصباحك , وليس ما قلته بخاف عليك مع معرفتك وفطنتك وشدة تتبعك وتفرغك.

وما كان يجب أن ترتاب في صواب ما فعلته وأتيته , وبما أمسكت عنه وطويته , إما هرباً من التطويل , وإما خوفاً من القال والقيل , وبعد فقد أصبحت هامةً [4] اليوم أو غد , فإني في عشر التسعين , وهل بعد الكبر والعجز أمل في حياة لذيذة أو رجاء لحال جديدة.

على أنك لو علمت في أي حال غلب علي ما فعلته وعند أي مرض , وعلى أي عسرة وفاقة لعرفت من عذري أضعاف ما أبديته [5] واحتججت لي بأكثر مما نشرته وطويته, وإذا أنعمت النظر تيقنت أن الله جل وعز في خلقهِ أحكاماً لا يغالب فيها , لأنه لا يبلغ كنهها ولا ينال غيبها ولا يعزف نابها ولا يقرع بابها وهو تعالى أملك لنواصينا وأطلع على أدانينا وأقاصينا وله الخلق والأمر , وبيده الكسر والجبر , وعلينا الصمت والصبر , إلى أن يوارينا اللحد والقبر..... والسلام.[6]

---

[1] وسم: جعل له علامة.
[2] الرقم يحدد أناساً أقام فيهم أبو حيان تلك المدة
[3] التكفف: الاستجداء
[4] هو هامة اليوم أو غداً: يموت اليوم أو غداً
[5] أبدى: اظهر وأعلن
[6] أبو حيان التوحيدي , الإمتاع والمؤانسة ,ص ٢,ص ١٠.

* خطوات تحليل الرسائل:

- تحديد نوعها وموضوعها , ومناسبتها.
- تحديد الفكرة العامة التي تدور حولها الرسالة.
- تفصيل الأفكار الفرعية من خلال العرض.
- تحديد أطراف الرسالة.
- تحديد أقسام الرسالة وشكلها.
- بيان مميزات الرسالة الفنية.
- بيان الأسلوب الذي تبعه الكاتب.
- تحديد العاطفة (المجال الوجداني).

* تحليل رسالة أبي حيان التوحيدي.

- هي رسالة اخوانية بعثها أبو حيان التوحيدي إلى صديق له رداً على رسالة هذا الصديق.
- مناسبة هذه الرسالة وموضوعها ينحصر في بيان سبب حرق الكتب التي يمتلكها أبو حيان التوحيدي.

فقد علم صديق أبو حيان التوحيدي بخبر حرق التوحيدي لكتبه , فأرسل له رسالة يعاتبه فيها ويؤنبه شديد التأنيب على فعلته هذه , وكان من ضمن ما وصفه له أن آلم ووقع هذا الخبر على نفسه كان شديداً وأليماً لدرجة أنه كان أشد ألماً من وقعه على أبي حيان نفسه.

- الفكرة العامة التي تدور حولها الرسالة إقناع صديق أبي حيان بحرق الكتب وتسويغ ذلك.

- تندرج تحت هذه الفكرة جملة من الفقرات التي تحتمل كل فقرة فكرة مستقلة ومترابطة مع غيرها بتسلسل دقيق ومن هذه الأفكار الفرعية.

أ- بيان سبب حرق الكتب.

ب- فقدان هذه الكتب الثمينة أشد وأعز من فقدان الولد الغالي.

ج- حرق الكتب كان حتى لا يشمت به أعداءه.

د- تحديد السبب الرئيسي في حرق الكتب بأن الأمر ليس شخصياً بل كان قضيةً تمس المجتمع

ه- بيان انحطاط المجتمع وسفاهة أهله الذين يركضون وراء المديح.

و- عدم تقدير العلماء وبيان حاله من الفقر والعوز وسؤال الناس

ز- لا يريد من علمه أن لا ينتفع به ولا ترجى من وراثتهِ فائدة. لهذا تخلص من عصارة فكره حتى لا يحمل وزره

- أمّا أطراف هذه الرسالة, فهي بين أبو حيان التوحيدي وبين صديقه فبينهما موضوع مشترك فيه نقاش وعتاب بين طرفين.

- لقد قسمت الرسالة الاخوانية إلى مقدمة ,وعرض ,وخاتمه, فالمقدمة حصرت ببيان سبب الرد على الرسالة وبيان حال الصديق الذي تألم لحرق الكتب, والعرض اشتمل على الأفكار العامة والفرعية , حيث فنّد السبب لحرق الكتب, والخاتمة اكتفى بالموعظة وكلمة السلام.

- السمات الفنية كانت بارزة بوضوح من كثرة المحسنات البديعة وغيرها

- الاقتباس من القرآن الكريم لتبرير سبب الحرق لكتبه (كل من عليها فان)).

- الفاظه مؤثرة وناقدة ومُدللة بالبراهين والحجج.

- أمثلته انبثقت من الواقع الذي عاشه.

- قصر الجمل وما تحمله من دلالات ذات وقع مؤثر.

- الفقرات متقابلة والصور الفنية بارزة (انزواء وجه العذر عنك)

- اكثر من الدعاء لصاحبه (أيد ك لله، حاطك لله، علمك اللـه الخير)

- الطباق (أدنى،أقصى؛ الكسر،والجبر ؛ سرا،وعلانية؛ الليل،والنهار)

- الإكثار من السجع ((ولدا نجيبا، وصديقا حبيباً،وتابعا أديبا، رئيسا مثيبا)

- استقصاء كل أجزاء المعنى, وتأديته بعدة جمل تبدو في الظاهر ترادفا وتكرارا لكنها في الواقع تجسيم للمعنى، وتفنن في إبراز واستيفاء لكل ظلاله.

-لطف الخيال وغزارة المعاني وكثرة التشبيه (الكتاب بالابن)

- أم الأسلوب الذي اتبعه أبو حيان التوحيدي يعتمد على حسن اختيار الألفاظ والتنويع بين الجمل الخبرية والإنشائية وهو من الأساليب القديمة.

- العاطفة الشخصية ظهرت في لغته مصقولة ومنتقاة تحمل في طياتها عاطفة الاعتذار،ظهرت العاطفة في ثنايا الكلمات صادقة،تحمل الوفاء من صديق إلى صديق وتبعث الود من ثنايا الجمل القصيرة.

- على العموم تميزت ألفاظه لصعوبتهِا نوعا وعسرة ,فكانت ذات دلالات صعبة وبحاجة إلى كثير من التفسير.

رسالة التوابع والزوابع لابن شهيد الأندلسي.

حياته: هو احمد بن عبد الملك بن شهيد الأشجعي القوطي، ولد بقرطبة عام (٣٨٢هـ)وتوفي عام (٤٦٢هـ) وهو من بيت كله أدب ومجد، كان جده وزير عبد الرحمن الناصر وأديبا من اكبر الأدباء في عصره،ورث عنه حفيده الأدب, كما ورث عنه صلته الحسنه بالأمويين وإن لم يستوزره لثقل كان في سمعه [1]له رسائل كثيرة في أنواع التعريض والأهزال شهد له النقاد بمقدرته وتفوقه في النثر والشعر.

وأهم اثر تركه ابن شهيد هو رسالة التوابع والزوابع.

ويجمع في هذه الرسالة بين فن الرسالة الإخوانية والمقامة ذات الطابع القصصي،حيث وجه هذه الرسالة إلى صديق له وهو أبو بكر بن حزم، إذ اعترف ابن حزم لابن شهيد بالتقدّم والإجادة، فهو أي ابن شهيد قد أوتي الحكم صبيا وهز بجذع نخلة الكلام فساقط عليه رطبا جنيا, وأن الحيرة في تقرير هذا النبوغ حدت بأبي بكر بن حزم أن يعتقد أن لابن شهيد شيطانا يهديه، وان له تابعة تنجده وزابعة تؤيده لأن الذي يصدر عنه ليس في قدرة الإنس.

---

[1] شوقي ضيف, الفن ومذاهبه في النثر العربي ,ص٣٢١.

وينتهز ابن شهيد هذا الاعتقاد لدى ابن حزم، فيعمل على ترسيخه باختلاق حكاية له مع تلك التابعة التي تنجده، حيث تقدمت بالفعل لهذه النجدة عندما ارتج على ابن شهيد وهو يحاول أن ينظم إحدى قصائده فلم يستطع إلا بمساعدة ذلك التابع،وقد ضاعت هذه الرسالة ولم يبق منها إلا ما احتفظ به مؤرخ الأندلس ابن بسام الشنتريني في كتابه الذخيرة في محاسن أهل الجزيرة.

الرسالة:

تنقسم الرسالة إلى الأقسام التالية:

- القسم الأول:(مدخل الرسالة)، وتبدأ على صورة خطاب يوجهه ابن شهيد لصديقه ابن حزم, يتحدث فيه عن التقائه بجني يدعى زهير بن نمير، وهو تابع ابن شهيد، وشيطان وحيه.

- القسم الثاني: يصور ابن شهيد فيه تجواله في أرض الحب وزيارة توابع الشعراء وطلب ابن شهيد من تابعه الجني زهير أن يحمله على جناحيه ويطوف به ارض الجن، ليحظى بلقاء توابع مشاهير الجاهلية والإسلام.فيزور المتنبي، وامرأ القيس وغيرهم.

- القسم الثالث: يقوم ابن شهيد وصاحبه زهير في زيارة الكُتّاب، فيلقاهم مجتمعين في بعض المروج للمذاكرة. وفيهم تابع الجاحظ، وتابع ابن الحميد فيأخذان على ابن شهيد اهتمامه البالغ بالسجع حتى يصبح كلامه بذلك نظماً لا نثراً فيدافع عن نفسه , ويقرأُ عليهما شيئاً من نثره , ويشكو إليهما كثر حساده.

- نقّاد الجن: ويحضر أبو عامر وتابعه مجلس أدب من مجالس الجن , فيدور الكلام على أبيات للنابغة تداول الشعراء معناها من بعده , ولم يلحقوه ,وينشر الجن أبياتاً من هذا المعنى , يتسامى بها على النابغة من نظم أبي عامر, وبذلك ينتزع أبو عامر لنفسه شهادة أخرى وتجئ هذه الشهادة من نقاد الجن.

- حيوان الجن: وفي زيارة لأرض التوابع والزوابع , يشرف ابن شهيد وصاحبه زهير على ناد لحمير الجن وبغالها. وقد اختلف ذلك النوعان من الحيوان على شعرين في بغلة هي تابعة أبي عيسى في عالم الأنس وقد أقبلت على ابن شهيد تحكّمه في الشعر بين أيهما أجود فيحكم للبغل بالجودة على الحمار, ويتصف هذا القسم بروح فكهة ساخرة, تدل على طول باع ابن شهيد في الشعر الساخر.

مصادر الرسالة.

تأثر ابن شهيد بمقامات بديع الزمان الهمذاني فقد تأثر بالمقامة الإبليسية, فالجني الذي ينشده شعر الأنس على أنه من شعره , وهو قوام الخبر , ولا يتوقف ابن شهيد على المقامة الإبليسية بل تعدى في ذلك إلى غيرها من المقامات , سيما التوابع والزوابع ذات منحى قصصي , والتراث العربي يخلو تقريباً من الإطار القصصي إلا في إطار المقامات.

اللغة.

كان هدف ابن شهيد في هذه الرسالة التركيز على مضمون الرسالة فلذلك لم يتعلق كثيراً بالألفاظ الصعبة الغريبة ,فكانت معظم ألفاظه سهلة واضحة تميل إلى السرد, ولكنه تعلق قليلاً بالسجع وكان يكثر من

الأمثال , كما كان يكثر من المبالغات والتهويلات [1] والاقتباس من ذلك قوله , فركضنا جنيا طاعنين في مطلع الشمس , وقوله وهز بجذع نخلة الكلام فساقط عليه رطباً جنياً , وانتشر الحوار في هذه الرسالة , فساعده ذلك على توضيح الأفكار والمعاني , بحيث أصبحت رسالته تميل إلى الطابع المصور.

الفكاهة.

الرسالة معظمها لون من الأدب الساخر, وذلك لأنه كان يشعر بالغبن من معاصريه لعدم تقدير تنوعه الأدبي , فظهرت السخرية حينما رصد رجال الجن , وسخر من ملابسهم وحياتهم وطريقة كلامهم وحواراتهم حتى ليصل إلى الفكاهة والضحك وخاصة حين صوَّر حيوانات الجن , ويقول عنه شوقي ضيف (تطرق هذا الذوق إلى العناية بالفكاهة في آثاره على نحو ما نجد عند بديع الزمان في مقاماته) [٢]

---

[1] ابن بسام , الذخيرة في محاسن آهل الجزيرة. ج ١ , ص١٧١.

أسئلة عامّة

١-   ميّز بين الرسائل في العهدين العباسي الأندلسي؟

٢-   اكتب تعريفاً خاصاً بك لمفهوم الرسالة الحديثة؟

٣-   ما المنفعة التي تحققها الرسائل؟

٤-   فرّق بين الرسالة الرسمية والرسالة الشخصية؟

٥-   كيف تحكم على صحة بناء الرسالة الأدبيّة؟

٦-   كيف تطورت الرسائل عبر العصور القديمة إلى عصرنا الحالي؟

الوحدة الرابعة

فـــن الــمــقــالــة

نشأتها

تعريفها

أنواعها

الشروط الفنية لكتابتها

تحليل المقالة

الخاطرة وتحليلها

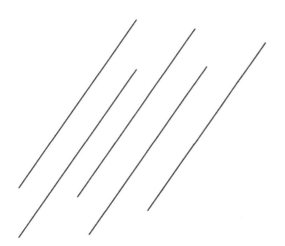

المقالة

نشأتها

يرتبط تاريخ المقالة في أدبنا الحديث بتاريخ الصحافة ارتباطاً وثيقاً , فالمقالة بنوعيها الذاتي والموضوعي لم تظهر في أدبنا , وأول ما ظهرت على أنها فن مستقل شأنها في فرنسا وإنجلترا , لقد نشأت في حضن الصحافة , واستمدت منها الحياة وخدمت أغراضها المختلفة , لذا كان لزاماً علينا أن نبحث عن تطوّر المقالة في الصحف اليومية أولاً , ثم المجلات.

وإذا استعرضنا المقالات التي ظهرت في الصحف المصرية خلال النهضة , نجد أنها مرت **في أطوار أربعة:**[1]

الطور الأول:

طور المدرسة الصحفية الأولى , ويمثلها, كتّاب الصحف الرسمية الّذين شاركوا في تحرير الصحف مثل (رفاعة الطهطاوي) و(عبد الله أبو السعود) وقد ظهرت المقالة على أيديهم بصورة بدائية , وكان أسلوبهم يزهو بالسجع الغث والزخارف المتكلفة , وقد كانت الشؤون السياسية هي الموضوع الأول لهذه المقالات ولكن الكّتاب كانوا يعرضون أحياناً لبعض الشؤون الاجتماعية.

الطور الثاني:

ظهرت المدرسة الصحفية الثانية , التي تأثرت بدعوة جمال الدين الأفغاني , وبنشأة الحزب الوطني الأول , وبروح الثورة والاندفاع, وبرزت شخصيات مثل عبد الرحمن الكواكبي , وإبراهيم المويلحي وغيرهم. وأخذت

---

[1] **محمد يوسف نجم , فن المقالة ,ص,٦٤-٧٠**

تقترب من الشعب بتأثير الشيخ محمد عبده وحركته الإصلاحية , ومن أهم الصحف التي كتبوا فيها الأهرام والفلاح والحقوق

الطور الثالث:

ظهرت طلائع المدرسة الصحفية الحديثة , ومنهم يوسف مصطفى كامل ومحمد رشيد رضا، ولطفي السيد, وخليل مطران, وغيرهم, وهذه المدرسة نشأت في عهد الاحتلال،وتأثرت بالنزعات الوطنية والإصلاحية ؛ فظهرت بعد ذلك الأحزاب السياسية لتنظيم الكفاح ضد المحتل وفقاً لفلسفتها ومثلها الخاصة , فكان علي يوسف يمثّل حزب الإصلاح , ويحمّل جريدة (المؤيد) مقالاته. وقد خطت هذه المدرسة بالأسلوب الأدبي للمقالة خطوات متقدمة فخلصتهُ من قيود الصنعة والسجع

الطور الرابع:

المدرسة الحديثة وتبدأ بالحرب العالمية الأولى وما تلاها من أحداث جسام مثل الثورة المصرية الأولى سنة (١٩١٩) , وقد ظهر في هذه الفترة من الصحف التي تركت أثرها في الحياة الأدبية العامة.

وفي المقالة خاصة مثل جريدة السفور لعبد الحميد حمدي وصحيفة الاستقلال لمحمود عزمي, والسياسة لمحمد حسين هيكل , وكان أثر هذه الصحف في المقالة محصوراً في نطاق المقالة السياسية , وامتازت المقالة في هذا الطور بالتركيز والدقة العلمية والميل إلى بث الثقافة لتربية أذواق الناس وعقولهم.

تعريف المقالة:

تستعمل لفظ (مقال) و(مقالة) للدلالة على شيء واحد , وهو ما يكتب ضمن شروط وصفات. ولفظ (مقال) اقدم من لفظة (مقالة) وقد استعمل العرب في القرن الرابع صيغة اسم المفعول مقولة للدلالة على المقالات الفلسفية وخير شاهد على ذلك كتاب الفهرست لابن النديم وفيه حديث عن المقولات العشر.

والمقالة في الاصطلاح :

قطعة نثرية محددة الطول والموضوع وتكتب بطريقة عفوية سريعة خالية من الكلفة ,وشرطها الأول أن تكون تعبيراً صادقاً عن شخصية الكاتب.[٢]

فهذا التعريف يقيد المقالة بالنثر فلا تصح شعراً , وهي طويلة تقع على الأقل في خمس صفحات كما أنها محدودة الموضوع فيعرض الكاتب فيها وجهة نظره هو , وبذلك تظهر شخصيته بوضوح , وموضوعها يقوم على ملاحظة الكاتب لحركة الناس والأشياء فهي قضية (ذاتية موضوعية). كما أنها تكتب بطريقة عفوية نابعة من القلب النابض الحار لتؤثر في نفس المتلقي دون تصنع أو إكراه , ولها صفة التأثير على القارئ.

أنماط المقالة وموضوعاتها:

- موضوعات اجتماعية عامة تتعلق بالمجتمع وأفراده وحياته وسلوكه اليومي كأن يتحدث الكاتب عن الغش أو النفاق أو التواضع أو الصدق.

---

[١] محمد يوسف نجم , فن المقالة , ص ٦٥-٧٥

- موضوعات أدبية نقدية , كأن يتحدث الكاتب عن إعجابه بتطور فن من الفنون أو انتقاده لظاهرة أدبية معينة أو يبدي رأيه في مسرحية مكتوبة أو ممثلة ,أو يحلل قصة.

- موضوعات علمية: كأن يتحدث عن تلوث البيئة أو تقدّم صناعة الحاسب عند العرب , أو يبدي رأيه حول ترجمة مصطلحات علمية.

- موضوعات سياسية واقتصادية فلسفية كأن ينتقد تهافت الناس على تخزين الدولار, أو السلع خوفاً على اضطراب القيمة النقدية المحلية, وبالتالي وقوعهم في مكائد أشد ضرراً.

- تجارب شخصية وتخيلات وافتراضات , وكأن يتحدث عن آلام الأمة وآلامهِ أو يتحدث عن رحلة حقيقية أو خيالية ويسجل انطباعاته حول ما يرى أو يعرض سيرته أو سيرة غيره لإبراز العبر والعظات.

- موضوعات وصفية: كأن يصور بيئة مكانية،أو منظراً مؤلماً أو بيئة زمانية كلحظة المغيب والشروق

* أشكال المقالات:

١- مقالات يكثر أصحابها من الاستشهاد بالأدب والأفكار الدينية والنصوص.

٢- مقالات تقوم على الحوار.

٣- مقالات تطعّم بحوادث تاريخية وحكايات حقيقية ووهمية.

٤- مقالات تحتوي على الوصف الساخر أو التحليل الطريف.

٥- مقالات تجمع بين جميع الأشكال السابقة.

* أنواع المقالات:

أ- **المقالة الذاتية**: التي تبرز فيها شخصية الكاتب وانفعالاته مستنداً إلى إشاعة العاطفة وتلوين الأفكار بالصور الخيالية البيانية ومعتمداً على أسلوب جذاب بعبارات مؤثرة وألفاظ موحية واضحة تأسر القارئ ولو أدى ذلك إلى خروج الكاتب عن الموضوع فكأنها قصيدة غنائية بأسلوب نثري.

ب- **المقالة الموضوعية**: التي يخفي الكاتب فيها كثيراً من انفعالاته ويحاول أن يصل إلى عقل القارئ ثم وجدانه وعواطفه , وكذلك يتقيد الكاتب بموضوع واحد يوسّعه بالمناقشة والأمثلة والآراء والأدلة والإحصائيات, فيبقى ضمن موضوعه بأسلوب منطقي وعبارات هادئة وألفاظ محددة.المقالة كالقصيدة تعبر عن إحساس الكاتب وذوقه ينتقد كاتبها على أساس الصدق الفني , فإن تمتعت بالسمات التي تجعل القصيدة أو القصة ناجحة, فسوف يكتب لها النجاح والخلود.

وهناك تقارب بين الخاطرة والمقالة , فهما يشتركان بالغرض والمنهج , إذ تقصدان إلى إثارة الانفعال عن طريق الصور المؤثرة والألفاظ الموحية ولكنهما يختلفان في طول الموضوع وتركيزه , فالخاطرة تعالج فكرة خاطفة دون توسيع عناصرها بينما تتراخى عناصر الفكرة في المقالة وهما بهذا الاتفاق والاختلاف كالقصة القصيرة والقصة الطويلة من حيث التركيز ودقة الموضوع والحجم.

كيف تكتب مقالة , عناصرها الفنية.

١- القدرة اللغوية التي يستطيع الكاتب التعبير بها عن نفسه بدقة ووضوح, فينقل ما يحس به إلى نفس المتلقي.

٢- المعلومات الكافية: القدرة اللغوية تحتاج إلى هذه المعلومات لإقامة موضوع ما , ويمكن للطالب أن ينمي معلوماته بالمطالعة والاستماع والمشاهدة , وهنا تقوم خلايا الدماغ بتخزينها مصنفة , فإذا أراد الكتابة عن موضوع ما فإن الدماغ يجهز معلوماته باستدعائها من الذاكرة ليقدمها الكاتب.

٣- يحتاج إلى نفس حساسة وشفافة حتى تستبطن الأمور وتغوص فيها إن الكاتب يراقب الأشياء ويستنبطها حتى ترسخ في مخيلته كصورة مؤثرة معبرة.

٤- التدريب على إخراج الموضوع , فالطالب يحتاج إلى قدرة لصهر كل ما لديه وإنتاجه بشكل لائق , لذا يأتي الأشراف عليه لمدة زمنية , قد تطول وقد تقصر بحسب قدرته , وهو خلال فترة التدريب يراقب ويحاكي ويمارس حتى يصل إلى ما يريد.

* مراحل كتابة المقالة

- تبدأ فكرة المقالة كبذرة توفرت لها فرص الحياة.

- يقدم الدماغ ما لديه من معلومات.

- يستدعي صاحب المقالة الصور المناسبة ويلّون بها تلك المعلومات.

- إن لم يكن ما لديه كافياً ليجعل الفكرة تختمر يقوم بتغذيتها حتى تكتمل.

- يحدد العنوان, موجزاً دالاً على المعنى , لافتاً للقارئ , واضحاً.

- تبدأ بمقدّمة ترتبط بالموضوع وتجذب القارئ.

- ينتقل إلى الموضوع فيوسع الفكرة بأفكار مساعدة متماسكة.

- يعتمد على مقارنات وإحصائيات وحكايات وأرقام وأدلة يقسمها على فقرات حتى ينتهي عرض الموضوع.

- يختتم مقالته بتركيز ما ذكره أو بالنتيجة التي يريدها وقد يختتمها باقتباس , أو استفهام أو بنهاية يراها ترسخ في ذهن القارئ, ويكون كذلك بجمل مفيدة واضحة مؤثرة بعيدة عن الحشو والغموض.

خطوات تحليل المقالة

- بعد قراءة المقالة قراءة عميقة حاول أن تكتشف الفكرة الأساسية التي جعلها الكاتب محوراً لمقالته , وحاول أن توجز هذه الفكرة في عبارة واحدة تستمدها من موضوعها.

- حاول أن تتبين الطريقة التي اصطفاها الكاتب في تتبع هذه الفكرة ومعالجتها وشرحها , حتى نمت بين يديه واتسع مداها , وتأمل طريقته في اقتباس الأمثلة المحسوسة التي يستخدمها من تجاربه الخاصة أو من ثقافة العامة في الأدب والتاريخ والاجتماع.

- لاحظ مدى اعتماد الكاتب على أسلوب العرض ومدى استعانته بأساليب الإنشاء الأخرى , كالقصص , والجدل , والحوار , والوصف , ثم تبين الفوائد الأدبيّة التي جناها من كل ذلك.

- تأمل موضوع المقالة وأثر شخصية الكاتب ونفسيته وأسلوبه في جعل ذلك الموضوع مقبولاً مشوقاً يحظى بموافقة القارئ ورضاه.

وتبين إلى أي مدى استطاع الكاتب أن يكشف معالم شخصيته للقارئ , وبيان هل الموضوع ممتع أم أن طريقة العرض والمعالجة جعلته ممتعاً.

- حاول أن تحلل أسلوب الكاتب فتكشف عن خصائصه وتستجلي عيوبه, ثم حاول أن ترى مدى ملاءمته لطبيعة الموضوع ونفسية الكاتب.

- لاحظ الفقرات والجمل والألفاظ , هل هي قصيرة أم طويلة؟ هل هي محكمة التركيب أو مفككة؟هل للكاتب اتجاه خاص في اختيار الألفاظ ؟

وباختصار يمكن تحليل المقالة بالإجابة عن الأسئلة التالية.

لمن اكتب ؟ لماذا اكتب ؟ ماذا اكتب ؟ كيف اكتب ؟ متى اكتب ؟

مقالة

مديرية الصحة المنسفيّة.(للكاتب الأردني: محمد الصبيحي)

في بريطانيا وكالة حكومية اسمها " وكالة الضبط الغذائي " مهمتها تنبيه المواطنين إلى العادات الغذائية الخاطئة والوجبات غير الصحيّة التي تتسبب بالعديد من الأمراض مثل السمنة , وأمراض القلب والسرطانات التي تكاد تؤدي إلى إفلاس صناديق التأمين الصحي , ويبدو أن الوكالة تتوجه بنصائحها إلى الأطفال والشباب بشكل خاص باعتبارهم الفئة المستهدفة في دعايات مطاعم الوجبات السريعة التي تضيف الشحوم والدهون إلى الأغذية لإعطائها مذاقاً مغرياً.

قيض لي في الأيام الثلاثة الماضية أن أقف حول منسف سلطي نموذجي ثلاث مرات متتالية , لا يوجد أي جديد في الأمر , البروتوكول يسير حسب المعتاد , فبينما يقف أربعة رجال حول منسف لتخريب خمسة كيلوات من اللحم وثلاثة كيلوات من الأرز يرتفع صوت بين حين وآخر(شرّب) فيندلق مزيد من اللبن فوق كومه اللحم والأرز لينتهي اغلبها طعاماً لقطط الحارة , يشرب الرجال قليلاً من القهوة السادة (يخلف على المعزّب) ويخرجون متمايلين ذات اليمين وذات الشمال , وقد حملوا في أجوافهم كماً كبيراً من التخمة والكوليسترول.

إنه مشهد أردني يتكرر كل يوم آلاف المرات لتزدهر عيادات الأطباء بمساعدة الجزارين وتجار الأرز ويعقدون تحالفاً غير معلن مع المنسف البلدي تساندهم قطط حاراتنا السمينة , وبالمناسبة ألا تلاحظون أن القطط الأردنية بصحة جيدة ؟؟ ليتأمل كل واحد منا قطط حارته وسيجد أنها بصحة جيدة وقد هجرت اصطياد الفئران

والحشرات, والسبب هو الكم الغذائي الذي يلقيه الأردنيون في سلال القمامة.

لو كنت تاجراً للحوم أو الأرز أو طبيب قلب لسعيت إلى إنشاء جمعية لتكرم المنسف البلدي وترسخ تقاليده العريقة التي بدونها يصبح الأردني بخيلاً تلوك سمعته القبائل.

وقد حدثني أحد الأصدقاء أنه دعا أصدقاء أوروبيين إلى منسف فلما رأوا المنظر المهيب رفضوا أن يأكلوا من (السدر) مباشرة وقام كل منهم بوضع ما يكفيه في صحن وبهذه الطريقة اصبح المنسف الواحد طعاماً لخمسة عشر شخصاً وما زاد منه بقي سليماً نظيفاً تَمَّ توزيعه على الجيران.

ولو حضر مدير وكالة الضبط الغذائي البريطانية أعراسنا ومآتمنا لأغمي عليه من هول بطولاتنا المنسفية, وربما فقد عقله لو علم أن أحد الأطباء قدّم ستمائة منسف سلطي في حفل زفاف ابنه , ويسأل ما الذي تفعله وزارة الصحة الأردنية , إزاء هذه الكارثة الوطنية وما هو موقف مدير التأمين الصحي الذي استنزفت أثار المناسف ميزانية دائرته ؟

نحن بحاجة إلى وكالة أردنية مشابهة أو مديرية اسمها (مديرية الصحة المنسفية) وبحاجة إلى جمعية تطوعية اسمها (جمعية مقاومة المنسف البلدي) لهدم البروتوكول المنسفي وإفراغ عيادات أطباء القلب من الازدحام وتخفيف العبء عن ميزانية التأمين الصحي, وأخيراً هل تستطيع دائرة الإحصاءات العامة تحديد الكلفة المباشرة وغير المباشرة للمنسف الأردني من الناتج الوطني.

١- الفكرة الأساسية (لماذا اكتب).

نقد العادات والتقاليد القائمة على الإسراف في الطعام.ففي المقدّمة لمقالة الكاتب يتحدث عن مظاهر السمنة والوجبات الدسمة وإفلاس الصناديق التابعة للتأمين , وتركيز الكاتب على فئة الشباب الذين يتناولون الطعام السريع.

وقد استمد الكاتب فكرته من واقع المجتمع الأردني الأعراس والمآتم وماذا يحصل فيها عند تقديم الطعام ؟

٢-(كيف اكتب)

اتبع الكاتب أسلوبا قائماً على السخرية والوصف الساخر (القطط الأردنية السمينة) وعلى التحليل الطريف (الذي لم يقم بصنع المنسف تلوكه ألسنة الناس) والوصف الدقيق الذي يحمل الطرافة (تخريب هيكلية المنسف ذو الكيلوات الخمس من اللحوم ونهايته على يد أربعة من المتمايلين يميناً وشمالاً, إلى قطط سمينة سئمت أكل الفئران وعزفت عن أكل الحشرات.

اعتمد الكاتب على الاقتباس من حديث أحد أصدقائه الذي تحدث عن آداب الطعام عند الأوروبيين وكيف أنّ خمسة عشر رجلاً كان سدرٌ واحدٌ كافياً لهم.

على ماذا يدل ذلك ؟ أو بالأحرى ماذا يريد الكاتب أن يوصل إلينا , فالوجبات السريعة اصلها من الغرب, ونحن عندما نتشارك في الطعام لا يعني عدم النظام إلا أن الطريقة أو الوسيلة فيها نوع من الخطأ , أي الإسراف المصطنع... لكن يمكن معالجة ذلك بحيث يجلس على المائدة أكثر من ستة, وبهذا يكفي الطعام وتجوع القطط وتفنى الفئران والحشرات " إن الكاتب هنا يعقد مقارنه ما بين الشرق والغرب في أسلوب الطعام.

٣-(لمن اكتب)

استعان الكاتب في أسلوب العرض على الأمثلة الواقعية المحسوسة بجمل مختارة ومنسقة , وإيقاعات للعبارات النافذة إلى القلب , فضلاً عن تماسك مضمون المقالة وترابطه وتسلسله , ووجه الكاتب كتابته لعامّة الناس , المجتمع الأردني , وبخاصة أولئك الذين يسرفون في تقديم المناسف في أعراسهم ومناسباتهم بإسراف وتبذير, ناهيك عن الاستغراب الشديد بأن يقوم أحد الأطباء الذي يعرف مضار الكوليسترول بعمل ستمائة منسف في حفل زفاف ولده, أي إسراف هذا ؟ لقد قدّم لنا الكاتب شيئاً من المتناقضات علم وعادة, طب ومرض

٤-(ماذا اكتب)

استطاع الكاتب بأسلوبه الجميل الممتع في معالجته له بأن يبيّن(ماذا يكتب) فقد قام بوصف عيادات القلب الممتلئة بمرضى القلب والتخمة وبمعالجته معالجة مقنعة , وكيفية سخريته من سمنة القطط جعل القارئ ينشد إلى الموضوع الذي استخدم فيه أسلوب الإسقاط وهو أسلوب يدل على السخرية الناقدة البناءة من هذا المجتمع الذي يتفاخر بتسمين القطط. وقد بالغ الكاتب في سخريته من طريقة أكل الطعام, فأنا لا أوافقه الرأي , لكنني أوافقه الرأي في عدم التبذير والإسراف وضرورة التنظيم وعدم جعل الغاية من الكرم إرضاء الناس, أن نفسية الكاتب وذاته تنعكس في لغته وألفاظه فهو يحمل رسالة رفض واحتجاج عنيف على هذا المجتمع المسرف ويرفض بكل ما تحمله نفسه من كلمات العزة بالطعام.

٥-(متى اكتب)

عندما كثرت هذه العادات, جعل الكاتب مقدمة لمقالته ليدخل إلى عرض الموضوع ليظهر عنصر الواقعية في حياة المواطن السمين, ويرسم الصور التمثيلية ذات الوصف الدقيق لما بعد الشبع من تمايل ونعاس, وانتهت المقالة إلى نصيحة ساخرة بإنشاء وكالة أو جمعية مقاومة المناسف حفاظاً على ميزانية الوطن والمواطن.

- لاحظت تناسق الفقرات فكل واحدة تحمل فكرة مرتبطة بالفكرة العامة ,فهي مقالة محكمة التركيب وثيقة النسج تعكس صورة كاتبها من حيث قدرته على نسج الأفكار في خيوط متسلسلة ليصل إلى ما يريد من الهدف.

خصائص أسلوبية في هذه المقالة.

- عقد المقارنات ما بين الغرب والشرق.

- الصدق أضفى واقعية واضحة على مقالته.

- السخرية الطريفة في عملية النقد.

- استخدام بعض الألفاظ العاميّة.

- يهدف إلى عدم الإسراف ولكن بأسلوب طريف.

- المقابلة المستهجنة بين العلم والمرض.

- استخدام الأدلة للوصول إلى الأسلوب القويم في تناول الطعام.

- تحيز إلى الغرب من خلال إعطاء الأفضلية لهم من حيث التنظيم وغير ذلك.

- التصوير الخيالي من خلال عقد التحالفات مع القطط.

- إن إظهار التشديد (في حرف الراء وكسرها في كلمة شرّب) ليدل على إصرار المجتمع على هذه العادة التي يفتخر بها ويقدم عليها بسعادة, وليس المهم عنده بعد هذه اللحظة ولكن المهم اللحظة التي يستمتع بها بتناول الطعام الفاخر.

- استخدام كلمة (قيض لي) لها دلالات كثيرة تدل على أن معناها الحجر الصغير المدور الذي يسخن وتكوى به الإبل أو الغنم من داء عضال.

فهل لها علاقة ؟ لمضمون المقالة. ربما لأن من يكتب مثل هذا النوع لابد من أن يكون له معرفة معلوماتية معجمية ؟

فأنا أجدها مناسبة ومتناغمة مع مضمون المقالة.

* أسئلة مهمة حول المقالة وإجاباتها.

١- للمقالات تعريفات كثيرة اكتب إحداها ؟

إن المقالة الأدبية قطعة نثرية محدودة في الطول والموضوع , تكتب بطريقة عفوية سريعة خالية من التكلف.

٢- ما هي شروط المقالة ؟

أ- أن تكون تعبيراً صادقاً عن شخصية الكاتب وتقسم إلى قسمين.

١- مقالة ذاتية   ٢- مقالة موضوعية.

إن الفرق بينهما ينحصر بمقدار ما يبثه الكاتب في كل منهما من عناصر شخصيته.

فالمقالة الذاتية: تعني إبراز شخصية الكاتب , والمقالة الموضوعية: تعني بتوضيح موضوعها وتحرص على التقيد بما يطلبه الموضوع من منطق في العرض والجدل والحوار واستخراج النتائج.

٣- كيف نحلل المقالة الذاتية ؟

من حيث المضمون والقالب (الشكل والأسلوب)

ونطرح أسئلة عنقودية تابعة للسؤال الأول

١- بعد القراءة للنص ماذا أراد الكاتب أن يقول ؟

على القارئ أن يكتشف طريقة الكاتب في تفسير المادة التي تحدث عنها , ثم طريقة عرضها وتفسيرها , كما أن على القارئ أن يتبين الخطوات المنطقية التي سار عليها الكاتب وهي بأكثرها تقوم على المقارنة والمعارضة وتقسيم العلاقات وتحليلها.

٢- ما هو الشكل ؟

تتكون المقالة من مقدّمة وموضوع وخاتمة ؟

٣- ما هو الأسلوب ؟

تعني الطريقة التي يعمد إليها الكاتب في اصطناع اللغة واستغلال طاقاتها التعبيرية وينبغي على الدارس أن ينظر إلى الأسلوب من ناحيتين هما.

أ- شخصية الكاتب.

ب- طريقته في التعبير عن هذه الشخصية.

٤- أي نوع من الناس هذا الذي قرأت مقالته ؟

وتقودنا طريقة دراسة الكاتب (أسلوبه) بالتعبير عن شخصيته إلى دراسة بلاغية تكشف لنا خصائص أسلوبه وترشدنا إلى اتجاهه في تناول المادة واصطناع اللغة , مفرداتها وتراكيبها وبيانها للتعبير عن فكرته.

الملاحظات التالية تساعدك على دراسة المقالة واستيعاب مادتها وتفهم أسلوبها.

- بعد أن تقرأ المقالة قراءة عميقة , حاول أن تكتشف الفكرة الأساسيّة التي جعلها الكاتب محور مقالته , وحاول أن توجز هذه الفكرة في عبارة واحدة تستمدها من موضوعها.

- حاول أن تبين الطريقة التي اصطنعها الكاتب في تتبع هذه الفكرة ومعالجتها وشرحها , وتأمل طريقته في اقتباس الأمثلة المحسوسة التي يستمدها من تجاربه الخاصة ومن ثقافته العامة

- لاحظ مدى اعتماد الكاتب على أسلوب العرض ومدى استعانته بأساليب الإنشاء الأخرى (كالقصص, الجدل,الحوار, الوصف).

- تأمل موضوع المقالة وتبين أثر شخصية الكاتب ونفسيته وأسلوبه في جعل ذلك الموضوع مقبولاً ومشوقاً.

- حاول أن تحلل أسلوب الكاتب , وتكشف عن خصائصه وتتعرف إلى عيوبه ثم حاول أن ترى مدى ملاءمته لطبيعة الموضوع.

- لاحظ الأسلوب هل هو أهم ما لفت نظرك في المقال , وما صفاته.

- لاحظ الفقرات والجمل والألفاظ ,هل هي محكمة التركيب ؟

الفرق بين المقالة الذاتية والموضوعية ؟

المقالة الموضوعية	المقالة الذاتية
تتألف من معارف مسلّم بها للقرآء	تستهل بفكرة عامة أو خاطرة
المقدمة قصيرة متصلة بالموضوع	المقدمة تطول بحسب رغبة الكاتب
العرض مؤيدٌ بالبراهين	العرض مؤيدٌ بالاقتباس
الخاتمة ثمرة المقالة تكون واضحة ملخصة للعناصر الرئيسية	استخلاص النتائج
أهم أنواعها (المقالة النقدية, الفلسفية , التاريخية, العلمية)	أهم أنواعها (الوصفية, اجتماعية)
الأسلوب خال من الحشو والاستطراد	أسلوبها سلس وعميق

الخاطرة

تعريفها: هي ما يعرض للإنسان من شعور أو فكرة عابرة يسببها موقف أو مشهد أو خبر أو حدث يقف عليه الإنسان أو يسمع به أو يراه.

وهذه الخاطرة لم تكن معروفة في الأدب العربي القديم, وهي فن من فنون الأدب الحديثة والسبب في نشوئها شيوع المجلات, والصحف اليومية التي تحتاج إلى أنواع من الكتابة المتعددة من النوع الذي يخاطب القراء , ويعرض لهم مواقف في الحياة عرضاً شيقاً وممتعاً ولكنه في الوقت نفسه يعبر عن رأي الكاتب.

ولما كانت الصحيفة محتاجة إلى الموضوعات القصيرة , ولا تحتاج إلى صفحات كثيرة , فقد جاءت الخاطرة لتلبي هذا المطلب.

والخاطرة إذن تتكون من:-

- الخبر أو الفكرة التي تولد الشعور أو الإحساس عند الكاتب.

- الرأي و الانطباع الذاتي الذي يتكون لدى الكاتب عن تلك الفكرة أو ذلك الخبر.

- الأمثلة والأفكار الفرعية التي يلجأ إليها الكاتب ليعمق معالجته لتلك الفكرة فالخاطرة ليس لها قالب معين , فيمكن البدء على شكل حكاية أو على شكل تذكر أو أن يتخيل شخصية أخرى يخاطبها من خلال رسالة.

وينبغي على الكاتب أن يمهد للرأي أو التقدير العاطفي الذي يعطيه في نهاية المقالة , ويمكن أن يبدأ بالنتيجة لتكون مقدمة للخاطرة.

وينبغي تجنب الكلمات التي تعطي الانطباع السيئ لدى القارئ , إذ قد تؤدي إلى تأثير جانبي غير ما قصده الكاتب أي إتباع البعد الجماعي للغة: فالكاتب لا يتكلم وحده , وإنما يكون موجهاً للقرآء على اختلاف أنواعهم , فلا بد من استخدام الكلمات المقبولة لديهم.

مقارنة بين المقالة والخاطرة:

- في الخاطرة العنصر الذاتي أكثر وضوحاً منه في المقالة والعنصر الوجداني والعاطفي وموقف الكاتب أكثر ظهوراً منه في المقالة.

- في الشكل تكون الخاطرة أكثر إيجازا وتكثيفاً وقصراً من المقالة وبناءً عليه فإن المقدّمة والعرض والخاتمة أكثر قصراً.

- الخاطرة مبنية على حدث أو فكرة أو خبر معين , يبنى عليه الكاتب استنتاجاته وعواطفه في حين المقالة تتناول موضوعاً بالتحليل والمناقشة , وبالتالي فهي اكثر تفسيراً وأغزر فكراً.

- الخاطرة لا تخضع لقالب معين , وهي فن حر يستطيع الكاتب المتمكن أن يشكل الخاطرة على النحو الذي يجعل منها خاطرة قوية دون أن يتبع تنظيماً مسبقاً متفق عليه , في حين أن المقالة وإنْ كانت لا تخلو من الجانب الذاتي إلا أنها أكثرُ تنظيماً من الخاطرة.

- الأسلوب في الخاطرة ينزع إلى الشاعرية والتصوير والخيال في حين أن المقالة أسلوبها تقريري يعتمد التحليل والاستنتاج.

- كتابة المقالة تعتمد في جانب منها الإفادة من المراجع والمقالات الأخرى , في حين أن الخاطرة تنبثق فجأة في وعي الكاتب.

- وفي الخاطرة لا بد من التركيز على فكرة الموضوع دون التطرق إلى مواضيع عدة.

*نموذج من خاطرة (كرة قدم).

قاتل اللـه الكرة, ما أعجب أمرها! وما أدق سرها ! قد جمعت الأضداد , النجباء والأوغاد , فهي كبيرة الحجم , لكنها خفيفة الوزن , سريعة الوثب , وهي ناعمة اللمس , مليحة الرقص , ولكنها لا تمل من الضرب ولا تكلّ من الدحرجة , وهي محبوبة, مألوفة تنتقل على الأيدي والأحضان لكنها تطرد بالأرجل والعصي , فهي عزيزة ذليلة !

* تحليل:

الفكرة بسيطة مألوفة , (كرة القدم) يعرفها الجميع

المقدمة: مناسبة وتمتاز بالإيجاز.

العرض: أسلوب الكاتب شيق وكلماته مقبولة وينتقل بطريقة واضحة, ويمتاز أسلوبه بحسن التنظيم وجودة السبك , ألفاظه متألفة وتعابيره سهلة مناسبة للموضوع.

الخاتمة: الاستغراب والاستهجان والاستعجاب.

أسئلة عامّة المقالة

١- حدد أشكال المقالات من وجهة نظرك؟

٢- ما الفرق بين المقالة الذاتية والمقالة الموضوعية ؟

٣- اكتب مقالة عن الحافلات الصغيرة في عمان مستوفٍ شروط المقالة وعناصرها؟

٤- بين خطوات تحليل المقالة؟

٥- ماذا نعني بالعبارات التالية

لماذا اكتب؟

كيف اكتب؟

لمن اكتب؟

ماذا اكتب؟

متى اكتب؟

٦- فرّق بين الخاطرة والمقالة ؟

٧- اكتب خاطرة حول العلاقة بين الطالب والمعلم في الجامعة؟

الوحدة الخامسة

فـــن الـــمـــقـــامـــة

تعريفها

أصحابها

نشأتها

أغراضها

خصائص المقامات وشروط كتابتها

تحليل المقامة البصرية

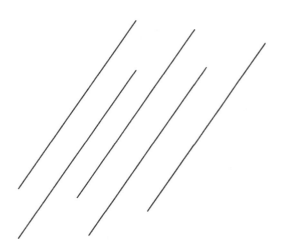

المقامة

١- المفهوم اللغوي للمقامة.

إن الناظر إلى مادة (قَوَمَ)في أي معجم من معجمات اللغة العربية يجد ما يلي

المقام والمقامة: الموضع الذي تقيم فيه, وقيل الإقامة والمقام بمعنى الإقامة. أو موضع القيام، وأمّا المقامة (بفتح الميم الأولى)فهي المجلس أو الجماعة من الناس في المجلس وهي بذلك تعني المكان أو من يقيمون في المكان ويجتمعون فيه, وردت المقامة في الشعر القديم وقد وردت لفظة مقامات بمعنى المجالس في قول سلامة بن جندل السعدي مفتخرا بقومه" يومان يوم مقامات وأندية ويوم سيرٍ إلى الأعداء تأويب".

وتطور مفهوم كلمة مقامات فقد تحدث الجاحظ عن "مقامات الشعراء " بمعنى المكانة التي كانوا يحظون بها وتحدث ابن قتيبة في كتابه "عيون الأخبار " عن مقامات الزهاد والعباد عند الخلفاء والملوك ومفردها هنا مقام بمعنى حديث وعظي أو خطبة وعظيه يلقيها الواعظ بين أيدي الخلفاء.

٢- المفهوم الاصطلاحي للمقامة.

المقامة اصطلاحاً: هي فن أدبي من فنون النثر الفني وهو فن له بناؤه الخاص وخصائصه الفنية.

وقال الدكتور زكي مبارك إنها القصص القصيرة التي يودعها الكاتب ما يشاء من فكرة أدبية أو فلسفية أو خطرةٍ وجدانية أو لمحة من لمحات الدعابة[1].

---

[1] زكي مبارك , النثر الفني في القرن الرابع،ص ١٧٥

بينما يراها موسى سليمان, أحاديث أدبية لغوية يلقيها راوية من الرواة على جماعة من الناس، بقالب قصصي يقصد فيه التسلية والتشويق لا تأليف القصة والتحليل[1].

على كل حال فإن المقامات لا ترقى بأي حال من الأحوال إلى فن القصة وذلك لأن هذا الفن،فن أوروبي تأثر به العرب في العصر الحديث، ولكن نتلمس في المقامات جذور القصة, والهدف من المقامات هو هدف لغوي تعليمي.

أصحاب المقامات.

١-   بديع الزمان الهمذاني، وهو أول من اكسب المقامة معناها الاصطلاحي فقد استخدم بديع الزمان الهمذاني مصطلح ((المقامة))بمعنى أحاديث تلقى على مسامع جماعة من الناس. ويبدو هذا واضحا في قول الهمذاني نفسه في عدد من مقاماته منها: (المقامة الأسدية) يقول: حدثنا عيسى بن هشام قال: كان يبلغني من ((مقامات الإسكندري)) ومقالاته ما يصغي إليه النفور وهو يعني بهذا الخطبة أو الموعظة التي كان أبو الفتح الإسكندري يلقيها. فكانت المقامة عند الهمذاني حديثا يرويه راو معين هو عيسى بن هشام، ويحكى فيها حكايات قام بها بطلها أبو الفتح الإسكندري وكان هذا البطل متسولا أو مكدَياً يسعى إلى جمع المال.

٢-   أبو القاسم الحريري صاحب المقامات المشهورة، يعد نفسه تاليا لبديع الزمان الهمذاني وقد نسج الحريري مقاماته على منوال الهمذاني في مقاماته. فكان البطل عند الحريري أبا زيد السروجي والراوي هو الحارث بن همام.

---

[1] موسى سليمان, الأدب القصصي عند العرب،ص ٣٣٨

صفات الشخصيات في المقامات.

١- أبو الفتح الإسكندري، شاعر خفيف الظل، حاضر البديهة قادر على الارتجال ملم بأنواع الحيل، يسخرها لينال عطاء الناس، وهو بطل مقامات الهمذاني

٢- أبو زيد السروجي، اسم شخصية ابتدعها الحريري لبطل مقاماته وهو يمتاز بسرعة البديهة والخيال الواسع والمكر المهذب.

٣- عيسى بن هشام: شخصية ابتدعها بديع الزمان الهمذاني ليتولى قص أخبار أبي الفتح الإسكندري وهو عالم جليل وأديب شاعر

٤- الحارث بن همام: هو راوٍ في مقامات الحريري.

نشأة المقامات.

ابتكر بديع الزمان الهمذاني فن ((المقامات)) ويقرُّ بهذا أبو القاسم الحريري حيث يعدهُ مبتدع هذا الفن الأدبي وقد قيل إنّ بديع الزمان الهمذاني قد عارض ابن دريد الأزدي في أحاديثه وهي أربعون حديثا رواها أبو علي القالي في كتابه الأمالي.

أمّا الأصول التي تأثر بها الهمذاني مبتكر المقامات فهي:

١- أحاديث ابن دريد وهي أربعون حديثا.

٢- مقامات الزهاد والعباد، وهي أحاديث رواها ابن قتيبة.

٣- أحاديث الجاحظ.

٤- أشعار الكدية ومنها قصيدة الأحنف العكبري.

٥- حكايات أبي القاسم البغدادي هي حكايات تتحدث عن الكدّية.

أغراض المقامات.

أهم أغراض المقامات.

- الكدّية، وتقوم عليها معظم المقامات

- الأغراض التعليمّية من خلال ما تعرضه المقامة من الأحاجي والألغاز، كالمقامة القرضية , المقامة الشتوية، المقامة القطعية، المقامة الحلبية.

- تصوير ظواهر وأبعاد اجتماعية كما يبدو في المقامة القردية والمقامة الفراتية والمقامة التبريزية للحريري.

- النقد الأدبي: كما يبدو في المقامة القرضية، المقامة الجاحظية، والمقامة الحلوانية للحريري.

- الوصف: كما يبدو في المقامة الخمرية، والمقامة الحضيرية، والمقامة العمانية (وصف البحر) المقامة الشتوية (وصف الشتاء) والمقامة الواسطية (وصف الرغيف):للحريري.

- المدح: كما يبدو في المقامة الناجمية، والمقامة الخلفية.

- الوعظ: كما يبدو في المقامة الوعظية، والمقامة الصنعانية، والمقامة الرملية للحريري

- الهجاء والتعريض كما يبدو في المقامة الشامية و المقامة الدينارية والمقامة الرملية للحريري

- الهزل والإضحاك: كما يبدو في المقامة المضرية، والمقامة الحلوانية، والمقامة الصورية.

خصائص المقامات الفنية.

- يشيع في المقامات التأنق الشديد في اختيار الألفاظ والعبارات لإبراز المعنى

- يتسم أسلوب المقامات بالصنعة والتكلف ويغلب عليه السجع مع استخدام فنون بديعية أخرى كالجناس والطباق والمقابلة

- يبدو الحوار جليا في معظم المقامات ولا شك أن الحوار يضفي حيوية على النص كما يستخدم كُتاب المقامات السرد إلى جانب الحوار.

- المزاوجة في استخدام النثر والشعر مع توظيف الشعر في خدمة الهدف الذي يسعى إليه الكاتب.

- يحرص كتّاب المقامات على إبراز مهارتهم اللغوية في استخدام الصور البيانية المعتمدة على التشبيهات والاستعارات والكنايات

- وضوح المعاني على الرغم من الإكثار من المحسنات البديعية, فكاتب المقامة مهتم بالمعنى إلى جانب اهتمامه باللفظ.

- ضعف الجانب التصويري في المقامات بسبب الاهتمام باللغة والبديع.

المقامة البصرية.

حدثني عيسى بن هشام قال: دخلت البصرة من سنّي في فِتاء , ومن الزّيّ في حبرٍ ووشاء[1] , ومن الغنى في بقرٍ وشاءٍ, فأتيت المربد في رفقة تأخذهم العيون , ومشينا غير بعيدٍ إلى بعض تلك المتنزهات , في تلك المتوجَّهات وملكتنا أرض فحللناها وعمدنا[2] لقداح اللهو فأجلناها مطرَّحين للحشمة إذ لم يكن فينا إلاّ

(1) وشاء: ثوب مطرّز

(2) عمدنا: قصدنا

منَّا , فما كان بأسرع من ارتداد الطرف حتى عنَّ لنا سواد تخفضه وهاد[٣] , وترفعه نجاد , وعلمنا أنَّه يهمُّ بنا , فأتلعنا[٤] له , حتى أدّاهُ إلينا سيرَهُ ولقينا بتحيَّة الإسلام , ورددنا عليه مقتضى السَّلام , ثم أجال فينا طرفه وقال: يا قوم ما منكم إلا من يلحظني شزراً[٥] , ويوسمني حزراً , وما ينبئكم عني , أصدق مني , أنا رجلٌ من أهل الإسكندرية من الثغور الأموية , قد وطّألي الفضل كنفه , ورحب بي عيشٌ , ونماني بيت , ثم جعجع[٦] بي الدهر عن ثمّه ورمّه وأتلاني[٧] غاليل حمر الحواصل[٨]:

كأنهم حيات أرضٍ محلةٍ فلو يعضون لذكّي سمَهم.

إذا نزلنا أرسلوني كاسباً وإن رحلنا ركبوني كلهُّم

ونشزت علينا البيض , وشمست منا الصَّفر, وأكلتنا السود , وحطّمتنا الحمر , وانتابنا أبو مالكٍ , فما يلقانا أبو جابرٍ إلا عن عُفْرٍ , وهذه البصرة ماؤها هضومٌ, وفقيرها مهضومٌ والمرءُ من ضرسه في شغلٍ , ومن نفسه في كَلًّ فكيف بمن:

يطوفُ ما يطوف ثم يأوي إلى زغبٍ محدّدة العيون

كساهن البلى شعثاً فتمسي جياع الناب ضامرة البطوَنِ

ولقد أصبحن اليوم وسرحن الطرف في حيًّ كميتٍ , وبيتٍ بلَا بيتٍ , وقلَّبن الأكفُّ على ليت , ففضضن عقد الضُّلوع , وأفضن ماء الدموع , وتداعيْنَ باسم الجوع.

والفقرُ في زمنِ اللئا مِ لكلّ ذي كرمٍ علامه

---

[٣] وهاد: المطمئن إلى الأرض
[٤] اتلعنا: مددنا أعناقنا
[٥] شزراً: ينظر بمؤخر عينه
[٦] جعجع: أذلني
[٧] اتلاني: اتبعني
[٨] حمر الحواصل: الجوع

رغب الكرامُ إلى اللئا مِ وتلك أشراطُ القيامة

ولقد اخترتكم يا سادة , ودلتني عليكم السعادة , وقلت قسماً , إن فيهم لدسماً فهل من فتىً يعشّيهنّ , أو يغشّيهنّ ؟ وهل من حُر يُغذّيهنّ, أو يرديهن ؟

قال عيس بن هشامٍ: فوالله ما استأذن على حجاب سمعي كلامٌ رائع أبرعُ , وأرفعُ وأبدعُ , مِمّا سمعتُ منه, لا جرم إنّا استحللنا الأوساط , ونفضنا الأكمام , ونحّينا الجُيوب , ونلته أنا مِطرَفي , وأخذتِ الجماعة إخذي , وقلنا لهُ: الحق بأطفالك , فأعرض عنّا بعد شكرٍ وفّاهُ , ونشرٍ ملأ به فاهُ.

بعد قراءة هذه المقامة , لننظر في الأسئلة التالية:

- لماذا تسمى هذه المقامة البصرية ؟

- من هو عيسى بن هشام ؟

- ما الموضوع الذي يتحدث عنه الكاتب في مقامته هذه ؟

- ما الهدف الذي تسعى المقامة إلى تحقيقه ؟

- كيف يصور الكاتب البطل في هذه المقامة ؟

لقد سميت هذه المقامة البصرية لأن أحداثها جرت في البصرة بالعراق , وذلك واضح من حديث الكاتب عن البصرة وسوقها المعروف بالمربد , كما يبدو في قوله على لسان الراوي عيسى بن هشام: " دخلت البصرة ,,,, فأتيت المربد في رفقة ..... ومشينا غير بعيد إلى بعض تلك المتنزهات ".

وأمّا عيسى بن هشام فهو راوي مقامات الهمذاني. جاء في أول المقامة مثلاً " حدثني عيسى بن هشام قال:.... فقد ورد اسمه مرتين , في بدايتها , وفي الفقرة الأخيرة منها , وهي ما يختتم به مقامته.

وأما أبو الفتح الإسكندري فهو بطل مقامات الهمذاني. ولكن هاتان الشخصيتان: الراوي والبطل , هل هما شخصيتان حقيقيتان أم خياليتان؟

اختار البديع هاتين الشخصيتين لتروي أولاهما أحداث المقامات , وتمهد لدور البطل فيها , ولتقوم ثانيها بالأحداث.

وأغلب الظن , أن هاتين الشخصيتين مما اخترعه البديع لينطقهما بأحاديثه ومواقفه وآرائه , وكما يقول الحريري في مقدمة مقاماته:" وكلاهما مجهول لا يعرف , ونكرة لا تتعرف " كما يقول.

إن الموضوع الرئيسي الذي تتحدث عنه هذه المقامة هو الكدّية , كما هو الحال في معظم مقامات البديع , ونراه يُكّدي بفصاحته وبلاغته , كما يكّدي بالشكوى من جوع أطفاله , ففي هذه المقامة البصرية , يتحدث الراوي عيسى بن هشام قائلاً إنه كان في البصرة , وكان يتمتع بالشباب والثراء , وورد (سوق المربد) مع صحبه , وساروا إلى متنزه هناك , وحلوا بأرض بهرهم حسنها , وعقدوا هناك مجلساً من مجالس اللهو.

والراوي بهذا يمهّد لظهور البطل الإسكندري.وبينما كانوا كذلك , أقبل عليهم رجل حيّاهم بتحية الإسلام , فردّوا التحية بأحسن منها , وقال لهم إنّه رجل من أهل الإسكندرية , وقد كان في عيش رغد , ولكن الدهر قلب له ظهر المجن , فتغيّرت حاله وانقلب يسره عسرا , وغناه فقرا , ثم يحّدثهم عن أطفاله الذين كانوا يتضورون جوعاً , وهكذا يصور الإسكندري نفسه يعاني من شدة الفقر , فقد نفدت منه الدراهم والدنانير والذهب , وحلّت به الليالي المهلكة والسنون المجدبة.

كل هذا يحل بالإسكندري (بطل المقامات) وبأطفاله , وهم في البصرة , فقد شغل كل امرئ فيها بنفسه , ولم ينظر إلى غيره , ولذا كان الفقير

مهضوم الجانب , وإذ كان الأمر كذلك , فكيف يكون الحال من يكدّ ويسعى لنفسه وعياله ؟

ويصور الإسكندري الكرام قد افتقروا بعد غنى , بينما ارتفع شأن صغار النفوس وضعافها , ثم يوجّه حديثه إلى الجمع قائلاً , لقد دلّتني عليكم السعادة التي يتمناها , هل من فتى يعشيِّهم أو يكسوهم ؟

وبعد هذا العرض لمضامين هذه المقامة , نجد الراوي يشيد بما قاله الإسكندري , يصف قوله بالإبداع والروعة , مما كان له أثر بالغ في نفوس سامعيه , فاستجابوا لما طلبه منهم , وحققوا ما توسمه فيهم , وبادر الراوي بإعطائه رداءه الحريري , ثم تابعه الجماعة في ذلك.

تحليل المقامة البصرية:

١- سميت هذه المقامة (المقامة البصرية) لان أحداثها جرت في البصرة بالعراق وذلك واضح من حديث الكاتب عن البصرة وسوقها المعروف بالمربد كما يبدو في قوله على لسان الراوي عيسى بن هشام (دخلت البصرة فأتيت المربد في رفقة ومشينا غير بعيد إلى بعد تلك المنتزهات)

٢- يستهل الكاتب مقامته بقوله (حدثني) وبدأ باسم الراوي وهو عيسى بن هشام حيث تحدث عن بطل مقاماته أبو الفتح الإسكندري الذي التقى بالراوي وأصدقائه وقام بخداعهم بطريقته المتفننة بالكدّية وجعلهم يتعاطفون معه ويعطونه الأموال عن طيب نفس.

لقد ورد اسم الراوي في المقامة مرتين جاء في أول المقامة وفي الفقرة الأخيرة حين اختتم بها مقامته.

٣-الموضوع الرئيسي الذي تتحدث عنه هذه المقامة هو (الكدّية) كما هو الحال في معظم مقامات بديع الزمان الهمذاني, ويتحدث الراوي عن التباين بين الطبقات حيث صور الأحوال الاجتماعية في العراق بأن لا نصيب للفقير من مال الغني.

٤- صوّر الكاتب بطل المقامة بصورة رجل أقبل عليهم وهم يجلسون في مجلس اللهو فحياهم بتحية الإسلام , فردوا التحية بأحسن منها , وقال لهم: أنه رجل من أهل الإسكندرية , وقد كان يعيش في رغد , ولكن الدهر قلب له ظهر المجنّ , فتغيرت حاله وانقلب يسره عسراً , وغناه فقراً , ثم يحدّثهم عن أطفاله الذين يتضورون جوعاً وهكذا يصور الإسكندري نفسه يعاني من شدة الفقر , نفذت منه الدراهم والدنانير والذهب , خلت به الليالي المهلكة والسنون المجدبة.

كل هذا يحل بالإسكندري (بطل المقامة) وبأطفاله , وهم في البصرة: فقد شغل كل امرئ فيها نفسه , ولم ينظر إلى غيره , ولذا كان الفقير مهضوم الجانب.

ويصور الإسكندري الكرام قد افتقروا بعد غنى , بينما ارتفع شأن صغار النفوس وضعافها , ثم يوجه حديثه إلى الجمع قائلاً: لقد دلتني عليكم السعادة التي يتمناها وأقسمت بأنكم ستكونون الأمل الذي سيخلصه هو وصغاره من الجوع والفقر ثم يسألهم:هل من فتىً يعيشّهم أو يكسوهم ؟

فالإسكندري إذن أخبر القوم بما حلّ به من نكبات فقد كان ينعم في ثراء وعزة وسعادة وبذلك كلّه ينقلب إلى فقر وذل وشقاء وسعي وراء لقمة العيش , وفي ذلك ادعاهُ بطل المقامة

ويختتم الكاتب مقامته بشكر الإسكندري لهم , لما منحوه من الأعطيات الجزيلة.

٥- أسلوب الهمذاني في مقاماته يتسم بالتأنق الشديد في اختيار الألفاظ والعبارات , والتزام السجع والبديع بأشكاله ويستخدم أسلوب السرد ثم الحوار الذي يضفي على النص حيويته, ويستخدم المزاوجة بين الشعر والنثر , لخدمة النص , وهدفه.

٦- اكثر من استخدام الكنايات ومنها:

حمر الحواصل: كناية عن صفة الجوع.

البيض: كناية عن موصوف الدراهم.

أبو مالك: كناية عن الفقر.

السود: كناية عن الليالي المهلكة.

أسئلة

١-من هم اشهر أصحاب المقامات؟ ومن هم أبطالهم؟

٢-ما رأيك بفن المقامات؟

٣-بين الخصائص الفنية للمقامة الجيدة؟

٤-اختر مقامة من المقامات وقم بتحليلها؟

٥-اكتب مقامة تعبّرفيها عن قضية اجتماعية في عصرنا

الحالي؟

الوحدة السادسة

فـــن الـخـطـابـة

تعريفها

نشأتها

عوامل ازدهار الخطابة

أهم موضوعات الخطابة

خصائص الخطابة في الإسلام

عناصر الخطابة

أنواع الخطب

نموذج تحليل خطبة (خطبة دينية)

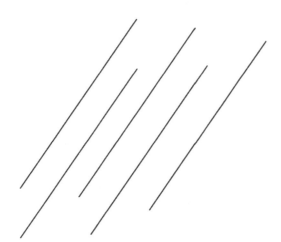

الـخـطـابـة

تعريفها:

الخطبة:فن من فنون الأدب وهي طريقة لسانية شفوية للتأثير على الجمهور بإقناعه واستمالته.

والخطابة هي الحديث المنطوق تميزاً لها عن الحديث المكتوب ,وهي تحتاج إلى خيال وبلاغة , ولذلك تعد من قبيل الشعر , أو هي شعر منثور وهو شعر منظوم.

نشأتها:

كان للخطابة في الجاهلية شأن عظيم , وكان للخطيب مكانه عظيمة أيضاً , وقد اقتضت المنازعات بينهم أن يتفاخروا ويتنافروا فاحتاجوا إلى الخطابة في الإقناع والإثارة.

وكانوا يمدحون الخطيب بمهارة صوته وشدته , ورباطه جأشه , وغلب على خطبهم قصر الجمل والسجع , وقصر الموضوع.

ومن أشهر خطباء الجاهلية , قس بن ساعده الأيادي , وأكثم الصيفي, وهرم الفزاري وكانت الخطابة فيهم قريحةً مثل الشعر , وكانوا يدربون فتيانهم عليها منذ الحداثة لاحتياجهم إلى الخطباء في إيفاد الوفود حاجتهم إلى الشعراء في الإشادة بالأمجاد والدفاع عن الأعراض.

وفي الجاهلية كانوا يقدّمون الشاعر على الخطيب , وظل الأمر كذلك حتى جاء الإسلام فصار الخطيب مقدَّماً على الشاعر لحاجتهم إليه في الإقناع وجمع كلمة الأحزاب واستنهاض الهمم إلى الجهاد.

وكان غالبية خطباء الجاهلية من شيوخ القبائل وحكمائها , وتتميز خطبهم بتخير الألفاظ الرقيقة والمعاني المألوفة , ومن خطبهم القصار والطوال، والقصار كانت أكثر وأشيع وأفضل لسهولة حفظها , وكانوا لشدة عنايتهم بالخطب يتوارثونها , ويتناقلونها في الأعقاب , ويسمونها بأسماء خاصة.

وفي العصر الإسلامي ازدهرت الخطبة , فأصبحت أداة للدعوة إلى الإسلام وتطورت عما كانت عليه من قبل بفعل الإسلام , فقد زادها القرآن الكريم بلاغة وحكمة ,بما كان يتوخاه الخطباء من محاكاة أسلوبه والاقتباس من آياته تمثلاً أو إشارة أو وعيداً.

وفي العصر الأموي ,كثرت الأحزاب السياسية والفرق الدينية ^(١) وكثرت الثورات والحروب , مما زاد في أهمية الخطب , ولوّنها بألوان فكرية وحضارية جديدة بالإضافة إلى الموروث الخطابي وسماته الفنية السابقة.

ومن أشهر خطباء العصر الأموي , معاوية بن أبي سفيان , عمر بن عبد العزيز ,زياد ابن أبيه , والحجاج بن يوسف الثقفي , والمهلب بن أبي صفرة.

وفي العصر العباسي بقيت الخطابة مزدهرة لبقاء دواعيها لكن مع مرور الوقت أخذت تنحصر في المناسبات الدينية. بسبب غلبة العناصر غير العربية على الحكم , واتساع رقعة الخلافة في بلاد لا يحسن أهلها العربية , ومع ذلك لا يخلو الحال من ظهور بعض الخطباء في الأحداث الجسام.

تلك نبذة عن نشأة الخطابة العربية وتطورها , فمن الأمور المسلم بها أن الخطابة كانت تقوى بتوافر دواعيها وتضعف تبعاً لقلة هذه الدواعي وفتورها , وإذا نحن ألقينا نظرةً على تاريخ المسلمين رأينا أن هناك دواعي تهيئ للخطابة العربية النهوض والازدهار, فالعرب الفاتحون لم تكن تنقصهم بلاغة

---

^(١) شوقي ضيف (العصر العباسي) , ص ٥٢٦.

الكلمة وفصاحتها التي تعتمد عليها الخطابة , فمنهم مفطورون على البلاغة والفصاحة ,
ومعروفون بحضور البديهة وسرعة الخاطر والقدرة على القول ارتجالاً.

عوامل ازدهار الخطابة:

لازدهار الخطابة في العصر العباسي عوامل متعددة ومختلفة ومن أهمها العوامل
التالية:

١-   ظهور الإسلام بين شعب تمرّس بالفصاحة , واعتز بالبلاغة وكانت أبرز ما عرف
به , لكنه مع هذا كله شعب أمي , لا يجيد القراءة ولا يحسن القراءة ولا يحسن الكتابة ,
وجاءته رسالة السماء على يد رسول أميّ , فكانت الخطابة وسيلته في إبلاغ الرسالة وتأدية
الأمانة.

٢-   طبيعة الدعوة الإسلامية التي تعتمد الحجة والإقناع والتأثير, ومثل هذه
الدعوة ألصقت بالخطابة , ولا يناسبها الشعر الذي يعتمد على الخيال ويقيده وزن وقافية.

٣-   حملة القرآن على الشعراء أو بعضهم في قوله تعالى " والشعراء يتبعهم
الغاوون ألم تر أنهم في كل واد يهيمون , وأنهم يقولون ما لا يفعلون " [1] ولذلك شاعت الخطابة
وأنصرف المسلمون إليها.

٤-   لقد أصبحت الخطابة ركناً في الجمع والعيدين,وبهذا أصبحت تمارس وتسمع
اسبوعياً.

---

[1] سورة الشعراء,٢٢٤-٢٢٦ آية.

٥- انتشار الحكم الشورى في عهد الخلفاء الراشدين , وإفساح الحرية في التعبير, ومناقشة الحكام , ثم التزام السياسة الأموية بإتاحة حرية القول , حتى لا يتجه الناس للعمل ضدهم.

٦- اتساع دائرة الخطباء والوعاظ في عهد بني أمية , إذ لم تعد الخطابة حتى الدينية منها مقصورة على الخلفاء والولاة , وكثر عدد من تولوا هذه المهمة.

٧- نضج جيل ولد ونشأ في الإسلام , وأثرت فيه المدارسة والبحث منذ نعومة أظفاره , من أمثال زياد , والحجاج.

٨- قدوم الوفود للمبايعة والتهنئة ومعهم خطباؤهم من عهد الرسالة ثم اتساع هذه الدائرة بعد الفتوح الإسلامية , وبخاصة في عهد بني أمية فقد كان خلفاؤهم وولاتهم يشجعون هذه الوفود ويغدقون عليهم الأموال ويعدون قدومها تجديداً للولاء.

٩- الأحداث التاريخية الجسمية المتتالية (وفاة الرسول ص") حروب الروم , الفتوح الإسلامية , مقتل الخليفة عثمان بن عفان , الأحزاب السياسية والدينية.

أهم موضوعات الخطابة الإسلامية:

- الدعوة إلى توحيد الله , والأمر بالمعروف , والنهي عن المنكر , والتحذير من عقاب الله , والترغيب في ثوابه , أو تقرير حكم شرعي , أو نظام اجتماعي أو حفل ديني كموسم الحج بعرفة.

- التحريض على الجهاد وقتال الأعداء.

- حل المشكلات السياسية وخير مثال على هذا النوع خطبة أبي بكر الصديق رضي الله عنه يوم السقيفة , حيث تنافس المهاجرون والأنصار فيمن يخلف رسول الله (ص) عقب وفاته.

- بيان السياسة التي سينتهجها الحاكم وهي أشبه بخطاب العرش ومن هذه الخطب خطبة عمر بن الخطاب رضي الله عنه عندما وليّ الخلافة.

- استعمالها آلة للعقوبة والتقريع والتوبيخ, مثل: خطبة زياد ابن أبيه عندما قدم والياً على البصرة من قبل معاوية.

خصائص الخطابة في الإسلام:

- سلكت الخطابة طريقاً دينياً وبخاصة في عهد الرسول (ص) وخليفته أبي بكر وعمر وكثر فيها الأمر بالمعروف والنهي عن المنكر.

- كثرت الخطب السياسية (خطبة أبي بكر يوم السقيفة).

- قوي تأثير الخطابة على النفوس , وأخذت تملك المشاعر , لصدقها وبراعة خطبائها.

- سهلت ألفاظها, وزادت أساليبها متانة, وتجنبت سجع الكهان.

- كانت تبدأ بحمد الله والثناء عليه والصلاة على رسول الله (ص).وإذا خلت الخطبة من هذه البداية سميت (بتراء).

- أخذت تحاكي أسلوب القرآن في الاستدلال والإقناع.

- كثر فيها الاقتباس مِن القرآن الكريم.

- تنوعت الخطب بين الإيجاز والإطناب , فمنها ما لم يزد على فقرات معدودة.

عناصر الخطبة:

الجمهور: الخطيب, الوسط اللغوي.

الصفات التي تشترط في الجمهور:

- حسن الاستماع والإصغاء , وهما الوسيلة الأساسية لفهم ما يقال.

- الثقافة العالية.

ويشترط في الخطيب:

أ- سِعة الحفظ والإطلاع ,لأن ذلك يساعده على اختيار الأسلوب المناسب , وعلى التصرف إزاء أي طارئ , ومما ينصح به الخطيب حفظ آيات من القرآن الكريم وأحاديث الرسول (ص) وبعض الأشعار وجوامع الكلام, والتعابير الجميلة.

ب- الاستعداد الفطري ,أن يكون لِسناً فصيحاً سريع البديهة , حاضر الذهن , والتعرف على نفسية السامعين.

ج- جودة الإلقاء وحسن الهيئة, فلا يظهر أمام الناس بهيئة تصرف الذهن عن تحليل الكَلام إلى تحليل الخطيب نفسه , أمّا جودة الإلقاء فتعنى بصوت الخطيب ولغته , وحسن الإشارة , والوقفة ,فعلى المستوى الصوتي يسمو الخطيب بمهارة صوته وحسن لفظه , إذ تخرج الأصوات من مخارجها دون مبالغة ولا تكلّف , ويتنوع إيقاعها دون تسرع أو إبطاء.

د- صدق الانفعال , وهي من إشارات جذب الجمهور وبقائه متابعاً له.

هـ- لغة الخطيب الناجح , تصل بحرارتها وقوة جرسها وحسن إيقاعها إلى لغة الشعر فيختار من الصور ما يعبر عن الفكرة في أكثر من طريق.

و- مراعاة أصول المجاملة فلا يستخدم ألفاظاً نابية ولا قاسية ولا يتعالى عن مستمعيه ولا يتحذلق أو يتصنع بل يراعي المستوى الثقافي والاجتماعي لمستمعيه.

أنواع الخطب

تبين مما سبق ألوان من الخطابة عرفها العرب قديماً وما زالت إلى عصرنا هذا , فالخطب الحربية والسياسية والاجتماعية والدينية قديمة حديثة , بل أن أنواع من الخطب نسمعها في نشرات الأخبار في المناسبات العامة.

وسنتوقف عند ثلاثة ألوان من الخطب , اختلفت أنماطها عن ذي قبل وأصبح لها شأن ترتبط بمناسبات تتكرر تلك هي:

أ- خطب المرافعات.

ب- خطب التكريم والتقديم.

ج- خطب التأبين.

أ- خطب المرافعات.

تكون في المحكمة للنظر في أمر متهم بجريمة , أو للفصل بين متنازعين في قضية ما , فصفات الخطيب (المحامي) الاطلاع على القوانين وشرحها وعلى الآراء الفقهية وتأويلاتها.

يكون يقظاً في أثناء المرافعة , ويفضل أن يلقى مرافعته عن ظهر قلب فذاك أنفذ إلى قلوب السامعين.

ويشترط في لغة المرافعة أن تكون علمية تستخدم فيها المفردات القانونية دونما تعالٍ أو إكثار منها , ودونما ضعف أو إسفاف فيها , وأن تستميل القاضي والمحلَّفين بصدقها وحرارتها وإقناعها.

ب- **خطبة التكريم والتقديم.**

خطبة التكريم: هي خطبة ثناء على عظيم أو ذي فضل في محضره هو أو من ينوب عنه , وخطبة التقديم هي تعريف الجمهور بذي موهبة في محضره أيضاً وقد يكون صاحب الموهبة أديباً أو عالماً أو باحثاً.

ومهمة الخطيب أن يبرز عظمة المكرّم وفضله , وأن يقدّم صورة تشوق الجمهور عن المقدَّم وفي كلتا الحالتين يعلمُ الخطيب مسبقاً عن ذي الفضل أو عن ذي الموهبة ما يصلح أن يقال أمام الجمهور, ولا بد من إثارة الجمهور ببعض الصفات العاطفية التي تبقى على حماس الجمهور, وتزيد من احترامهم له , ويفضل ذكر الحكايات والأمور الشخصية لتعطي يقيناً بأن ما قيل نابع من معرفة أصيلة وخبرة شخصية.

وقد تقضي ظروف التقديم أن يذكر الخطيب معلومات عن سيرة الشخص , مولده , علمِهِ , الظروف التي عاشها , وكل ما شكّل شخصيته.

ج- **خطبة التأبين.**

وهي الخطبة التي تلقى على قبر المتوفى , أو في حفل تأبينه , أو في ذكرى وفاته وتحتوى عادة على فضائل الميت وآثاره , وعظم الفجيعة لفقده هذه الصفات ثم مواساة الأهل بأن هذه الفضائل لم تمت بموته.

أجزاء الخطبة

أصول الأعمال الكتابية العامّة ثابتة , فهي المقدمة , والعرض, والخاتمة, لكن لكل عمل كتابي شخصيته المميزة التي تبدو في الأسلوب وطرق العرض والمقدّمة في الخطبة سواء أكانت تقليدية أم خاصة , تمهد للموضوع وتشد السامع إلى ما يقال , وتقضي على حالة الهرج التي تسبق الخطبة سوى في الخطب الدينية التي يتمثل سامعوها مسبقاً الحديث (إذا قلت لصاحبك أنصت , والإمام يخطب, فقد لغوت).

وقد تكون المقدّمة طويلة بعض الشيء , وقد تكون قصيرة, وربما يستغني الخطيب عنها في الحالات الانفعالية , لأن المقدّمة حنيئذٍ تبرّد هذا الانفعال وهدف الخطبة تأجيجه.

أياً كانت المقدّمة فيجب أن تكون متصلة بالموضوع صلة مباشرة وأن تكون واضحة ومناسبة من حيث لغتها وأفكارها لمستوى الجمهور وأن تكون في موضوع ذي قيمة أو مرتبطة بحدث مهم , وأن تكون شائعة وطريفة تخاطب الوجدان والعقل.

وتبدأ مقدمات الخطب الدينية عادة بالحمد والثناء والصلاة والسلام على رسوله (ص) بل أن معظم الخطب تبدأ بهذا الاستهلال , لضمان هدوء الناس وحسن استماعهم وإنصاتهم.

وقد تبتدئ الخطبة باقتباس أو تضمين أو برد شبهة أو مقولة قالها خطيب أو مفكر , وقد يستوحي مقدمته في حال الحضور , قد يبدأ الخطبة بحكاية لطيفة.

أمّا العرض فهو صلب الخطبة وفكرتها الرئيسية , وقد يتبع الخطيب أحد الترتيبات التالية ليوسع نقاط موضوعه وليحافظ على الترابط:

- الترتيب الزمني.

- الترتيب المكاني.

- ترتيب حل المشكلات.

- ترتيب السبب والنتيجة.

- ترتيب الخصائص العامّة لشيء ما , بحسب شهرتها.

أياً كانت طرق العرض , فيجب أن تتصف بالوحدة فتناقش موضوعاً واحداً وتتصف بالوضوح , والتماسك والتسلسل فكل فكرة ترتبط بالفكرة التالية وأمّا الخاتمة فهي آخر ما يرسخ في نفوس السامعين , وتتخذ الخاتمة أشكالاً أهمها:

١-   الحث , إذ يحث الخطيب الناس على الاعتقاد بوجهة نظر, أو يحثهم على سلوك أو عمل ما لتحقيق هدف معين.

٢-   التلخيص ,إذ يختصر الخطيب أفكار الخطبة أو يستعيد النقاط المهمة الواردة فيها.

٣-   التأكيد , "إذ يحرص الخطيب على نقطة لتقوي وجهة نظره أو يذكر سبباً أو سببين لتأكيد صحة اعتقاده بما يتحدث.

٤-   الاقتباس أو التضمين من قول مؤثر.

٥-   توضيح نوايا شخصية لحمل الناس على الاعتقاد بالعمل.

والخاتمة يفترض أن تكون قصيرة , وقوية العبارة , وعاطفية تثير مكمناً من مكامن النفس كالخوف والرجاء , وحب الاستطلاع والاستهانة والحرص

والرغبة والحذر, وخيرٌ للخطيب أن ينتهي والجمع بين حماسة وميل إلى الاستزادة من أن ينتهي الناس في ملل وسآمة [١].

نموذج من خطبة دينية.

(أعرضنا عن ديننا , فأعرض الـلـه عنا)

"وساءت أحوالنا "

أحمدك ربي على كل حال , مصلياً ومسلماًً على النبي , والصحب والآل, أحمدك على آلائك , وأسألك أن أكون راضياً بقضائك وقدرك , راغباً في عفوك ورحمتك. رب اغفر لي ذنبي , وأذهب غيظ قلبي, وثبتني على الحق , وأجرني من مضلات الفتن " رب اشرح لي صدري. ويسر لي أمري. واحلل عقدة من لساني.يفقهوا قولي " [١].

* * * * * * * *

الحمد لله ,كتب العزة والكرامة لمن أطاعه, وصبر على أحكامه , وقضى بالذل والهوان على من خالف أوامره , واستمر سادراً في غيه وعصيانه , وهو العزيز الحكيم , الذي لا تخفى عليه خافية , في الأرض ولا في السماء , وأشهد أن لا إله إلا الـلـه , أنعم على الأمة المخلصة الصادقة , بالكتاب العادل المبين , والرسول الصادق الأمين " لقد منَّ الـلـه على المؤمنين إذ بعث فيهم رسولاً من أنفسهم يتلو عليهم آياته ويُزكيهم ويُعلِّمُهمُ الكتاب والحكمة وإن كانوا من قبلُ لفي ضلال مبين "[٢]

---

[١].أحمد الحوفي , فن الخطابة , ١٣٧

[١]سورة طه(من الآية ٢٥-الآية٢٨).

[٢] سورة آل عمران/ ١٦٤.

فهذب بالكتاب أخلاقنا , وأحيا ضمائرنا وأصلح به أعمالنا , وهدانا إلى سواء السبيل , إلى وسائل الرقي والمحبة والسعادة في هذه الحياة , وتلك الحياة التي عاشها أسلافنا الماضون , وأشهد أن سيدنا محمداً عبد الله ورسوله المبعوث رحمة للعالمين , والداعي إلى الصراط المستقيم , صلى الله عليه وعلى آله وأصحابه ,الذين تأدبوا بآداب الدين , ووقفوا عند حدوده , فخضعت لهم رقاب الجبابرة والطّغاة ,فكانوا هُمُ السادة الفائزين المنصورين.

أمّا بعد ؛ فقد قال الحكيم العليم , جلّت عظمته " إن الله لا يغير ما بقوم حتى يغيروا ما بأنفسهم ".

أيها الناس في عالمنا اليوم:

لقد كانت الأمة الإسلامية فيما مضى , متمسكةً بكتاب ربها, عاملةً بسنة نبيها , صحيحةً في عقيدتها , صالحة في معاملاتها , صادقة في وعدها , كريمةً في أخلاقها , بصيرة في دينها ودنياها , وعواقب أمرها , راقيةً في علومها ومعارفها , من أجل ذلك كلّه كانت عزيزة الجانب , قوية الشوكة , صاحبة السلطان والصولة على من عاداها , لا تُقدم على عملٍ , إلا إذا كان مطابقاً للشرع والعقل والمنطق السليم , أمّا اليوم فقد تغير أمرها , وتبدل حالها , واختلّت عقائدها , وفسدت أعمالها , وساءت معاملاتها وعاداتها , وذهبت شفقتها , ورحمتها بالناس أجمعين.

أجل , لقد تبدلت و الله أخلاقها , وجهلت أمر دينها ودنياها , وتأخرت في علومها وصنائعها , وتاهت في بحر الظلمات السحيق العميق , لذا فقد صارت ذليلة الجانب , ضعيفة الهمة , فاقدة المروءة والكرامة والهيبة , مغلوبة على أمرها , متأخرة في مرافق حياتها , تتخبط في

ظلمات الجهالة والأوهام , تنقاد للخرافات , وبلبلة الرأي والإشاعات الكاذبة المضللة , وصدق الـلـه العظيم " فما كان الـلـه ليظلمهم ولكن كانوا أنفسهم يظلمون "[٣]

وما ذلك إلا لأنها خالفت أمر ربها , وانحرفت عن طريق الهادي نبيَّها , وسارت وراء شهواتها وأهوائها , فظنت الإباحية حريةً , والخلاعة رُقياً, فتعدت حدود العقل والدين , وأغضبت خالق الأرض والسماء. وتوالت عليها أنواع الرزايا والبلاء. فذهب الصالح من جراء أعمال الطالح , وضاع البريء تحت أرجل الفاسق السافح , يؤيد هذا قول ربكم , إن كنتم تؤمنون به " واتقوا فتنة لا تصيبنّ الذين ظلموا منكم خاصةً , واعلموا أن الـلـه شديد العقاب، يعنى أن الـلـه تعالى يقول لعباده الذين يؤمنون بوعده ووعيده , أيها الناس اتقوا ربكم. خافوا ربكم فلا تعصوه بذنوبكم وإعراضكم عنه. أيها العباد. خافوا ذنوباً تقتصر على العصاة وحدهم , بل إذا أراد سبحانه الانتقام من الفساق والفجرة والظالمين , فإن غضبه لا يُردُّ , وإذا ما غضب سبحانه من أعمال العصاة , فإن عذابه ينزل ويعم الطالحين والصالحين , وها هو ذا سبحانه يحذر عباده من الطغيان والعصيان , فيقول " واعلموا أن الـلـه شديد العقاب ".

فهل وعيتم أيها الناس ما قاله رب الآخرة والأولى ؟ هل آمنتم ؟ هل رجعتم إلى ضميركم ؟ الجواب كلا , ثم كلا, هكذا يقول الملحدون والمنكرون والباغون , فهذا كلام قاله هيَّان بن بيَّان , ولم يقله الرحمن , ولا سيد ولد عدنان.

---

[٣] سورة التوبة/٧٠

أيها الناس:

لقد ساءت أحوالنا و الـلـه , وسلّط الـلـه علينا عدّونا , فلقد نزع الـلـه مهابتكم من صدور عدوكم , بسبب حب الدنيا وكراهية الجهاد في سبيل الـلـه , لإعلاء كلمة الـلـه , وإعلاء دين الـلـه " فليحذر الذين يخالفون عن أمره أن تصيبهم فتنةٌ أو يصيبهم عذاب عظيم "

نعم أيها الناس: لقد ذاقت الأمة وبال أمرها , وعوقبت بشر أعمالها , بسبب تفرقها , وانقسامها وانحلالها , كل ذلك كان نتيجةً لازمة , حتمية لعدم استقامتنا وانحرافنا عن السبيل المستقيم , والصراط القويم " صراط الـلـه الذي له ما في السموات وما في الأرض , ألا إلى الـلـه تصير الأمور"[٢] نحن لا نفيق من سكرتنا , ولا نستيقظ من غفلتنا, ولا نتعظ بالمحن والبلايا , ولا نعتبر بحوادث الأيام , تالله لو كان شعور حي , وإحساس قوي , يقظتنا المؤلمات الموجعات , قل لي بخالقك الذي خلقك ونسيته, هل أنت صحيح العقيدة ؟ هل أنت حسن المعاملة؟ لا تؤذي أحداً بيدك ولا لسانك ؟ فويل للسانك مما يقول , وويل ليدك مما تعمل.

قل لي يا أخي: هل من الدين أن يكون المسلم كاذباً محتالاً ؟ أو مرائياً مختالا؟ أو لصاً مؤذياً ونشّالاً ؟ هل من الدين أن يكون المسلم شافياً متشفياً بمضار أخيه ؟ أو مداهناً منافقاً ؟ هل من الدين أن يكون المرء قاسي القلب لا يرحم إنساناً ؟

[٢] سورة الأنفال (٢٥).

والحديث القدسي , على لسان الحق , يقول: (إن كنتم تريدون رحمتي فارحموا خلقي) [٣] والرسول صلى اللـه عليه وسلم يقول:(من لا يرحم , لا يُرحم) [٤].

ويقول صلوات اللـه وسلامه عليه: (إن شر الناس عند اللـه منزلةً يوم القيامة , من تركه الناس , اتقاء فحشة)[١] وقال أيضاً (شر الناس من اتقاه الناس, وخافه الناس ,وتركه الناس مخافة شره) أقول قولي هذا وأستغفر اللـه لي ولكم , أو كما قال: ادعوا اللـه وأنتم موقنون بالإجابة.

* * * * * * *

الحمد لله ولا أحد يستحق الحمد سواه , وأشهد أن لا اله إلا اللـه , وأشهد أن محمداً رسول اللـه , وعلى آله وصحبه , ومن سلك سبيله وهداه.

أما بعد. أيها الناس , حاسبوا أنفسكم قبل أن يحاسبكم ربكم يوم القيامة , فالدنيا فانية زائلة , وكل من عليها فان , اتقوا ربكم وراقبوه قبل الحسرة والندامة , أرجعوا إلى ضمائركم , واتقوا يوماً ترجعون فيه إلى اللـه.

أيها الناس , إنه و اللـه لاخلاص للأمة من هذا الشقاء , ولا نجاة لها من البلاء إلا بالرجوع إلى اللـه , وإصلاح القلوب الحاقدة المظلمة. واستقامة الأعمال , اليوم عمل ولا حساب , وغداً حساب ولا عمل , صلوا على نبيكم تعظيماً له وتكريما , اللهم صل وسلم وبارك عليه , وعلى آله

---

[٣] مر سابقاً

[٤] مرّ مراراً.

[١] متفق عليه رواه أبو داود و الترمذي عن عائشة , وسببه قالت أستأذن رجل وهو عيينه بن حصن على رسول اللـه صلى اللـه عليه وسلم , فلما رآه , قال بئس أخو العشيرة , فلما جلس انبسط له فلما انطلق سألته السيدة عائشة فذكره.
ورواه الطبراني في الأوسط عن أنس: إن شر الناس منزلة عند اللـه يوم القيامة من يخاف الناس من شره.

وصحبه , وارض اللهم عن أصحاب رسول الـلـه أجمعين , وتابعيهم بإحسان إلى يوم الدين , اللهم اغفر لنا ذنوبنا , وإسرافنا في أمرنا , واجمع كلمتنا , وألف بين قلوبنا , وأصلحنا جميعاً , ملوكاً وحكاماً ورؤساء وقادة وشعوباً يا رب العالمين.

واجمع على الخير والتوفيق والجهاد في سبيل الـلـه أمرنا. اللهم أصلح فساد قلوبنا , وباعد بيننا وبين الفتن الظاهرة والباطنة , أصلح قلوب الرعاة والرعية , يا رب العالمين.

" وأقم الصلاة ,,إن الصلاة تنهى عن الفحشاء والمنكر , ولذكر الـلـه أكبر,و الـلـه يعلم ما تصنعون "

تحليل الخطبة

١- نوع الخطبة دينية(مناسبة دينية)

٢- بدأت بالحمد والثناء

٣- أكثرت من الاقتباس والتضمين من القرآن والأحاديث الشريفة.

٤- المقدمة,متصلة بالموضوع اتصالاً مباشراً, وتُأجج انفعالات السامعين,وهي واضحة ومناسبة من حيث لغتها وأفكارها.

٥- العرض,تسلسل الخطيب زمنياً ومكانياً في ترتيب حل المشكلة حيث عرض السبب والنتيجة وبيّن النتائج التي استنبطها.

٦- الخاتمة فيها حث على الأمر بالمعروف والنهي عن المنكر, وهي عاطفية.

٧- موضوع الخطبة يدور حول الأمر بالمعروف والنهي عن المنكر.

٨- تميل الخطبة إلى الاستدلال بأسلوب القرآن من أجل الوصول إلى إقناع الناس.

الوحدة السابعة

فـــن الـقصــة القصيـرة

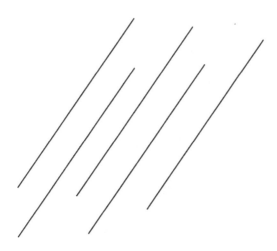

تعريفها

عناصرها

أنواعها

شروطها

تحليل(أحمد المجلس البلدي)

فن القصة

القصة في اللغة:الأمر والحديث، تقول اقتصصت الحديث أي رويته على وجهه، والاسم القصص وجمع القصة: القِصص،وورد الاسم في القرآن الكريم.

القصة في الاصطلاح: نوع من الأنواع الأدبية يحمل فكرة معينة يراد إبرازها وتصويرها تصويرا دقيقا من طريق أحداث تجري في زمان أو أزمنة محددة وشخصيات تتحرك في مكان أو أمكنة محددة.

تعريف آخر: هي فن أدبي يتناول حادثة أو مجموعة حوادث تتعلق بشخصية أو مجموعة من الشخصيات الإنسانية،في بيئة زمانية ومكانية ما.تنتهي إلى غاية أو هدف بنيت من أجله القصة بأسلوب أدبي ممتع، كما أنها تجمع بين الحقيقة والخيال.

وهذا الفن بهذا المفهوم مقتبس من الغرب الذي عرف القصة الفنية في القرن الثامن عشر.

الكاتب لا يقف على السطح من القصة، بل ينظر في أعماقها ويضيف إليها من خياله وأفكاره ويركز فيها على الشخصيات أو الشخصية الرئيسية،وعلى الدافع الذي يحرك هذه الشخصيات.

أهداف القصة القصيرة:

١- التأثير من طريق الرمز والتلميح،فهما أقوى أثرا من الوعظ والحديث المباشر.

٢- تقديم المتعة والتسلية للقارئ.

عناصر القصة وأركانها:

١- الحادثة.(الأحداث):والحادثة في العمل القصصي مجموعة من الوقائع الجزئية مرتبطة ومنظمة على نحو خاص هو ما يمكن أن تسميه الإطار. لذا فلكل قصة أحداثها وإطارها الخاص

ولا يستمد العمل القصصي أهميته من الحادثة التي يصفها،ولكنه يستمدها من إكساب الحادثة قيمة إنسانية خاصة.فكم قصة كتبت حول حوادث كبار ولم تكن بذات قيمة فنية، وكم من قصة تناولت حادثة بسيطة فارتقت بهذه الحادثة، بفنيتها وبراعتها إلى مستوى رفيع, فعلى الكاتب أن يحسن اختيار الحادثة،ويستطيع أن يجمع بين الأحداث الصغار فيأخذ منها ما يلزم ويطرح ما لم يلزم. ويصوغ قصته من هذه الأحداث،ويستطيع أيضا أن يقدم ويؤخر فيها فلا يوردها في القصة بالشكل الذي مرت في الواقع.

هل يشترط في أحداث القصة خبرة الكاتب الخاصة ؟

نعم، يقررون أنه بغير هذه الخبرة لا يتهيأ للكاتب أن يكون صادقا وأمينا. مثلا لا يستطيع القاص أن يصف بيئة لا يعرفها، أو يحرك شخوص قصة في جو لم يخبره خبرة شخصية. فالمرأة التي تكتب عن خصوصيات الرجال، والقاص الذي يصور مغامرة في الصحراء، ولم يرها ولم يعرفها، لا يستطيعان أن يقدّما في هذا المجال شيئا مهما, أمّ الذين لا يرون ضرورة للخبرة الشخصية فيما يتصل بأحداث القصة فيقولون أن القاص يستطيع أن يتغلب على غياب الخبرة الشخصية بالخبرة المكتسبة، وأهم وجوه الاكتساب القراءة والمطالعة، ومخالطة الآخرين والإفادة من خبراتهم. ولما كانت حياة الإنسان محدودة في الزمان والمكان. فلا مناص للكاتب من اكتساب خبرات الآخرين.

وإضفاء كثير من عناصر الخيال إلى تلك الخبرات , ما يمكن الكاتب من الخروج عن حدود زمانه ومكانه، وكتابة القصص الأسطورية والتاريخية بخاصة.

كما أن الأحداث هي ركن أساسي ترتبط بباقي عناصر القصة، فالكاتب يعيش في مجتمعه وتقع له من الحوادث ما يقع للآخرين. ويمر بالتجارب المتشابهة، ولكن نفس القاص تتحسس من الحوادث ما لا يتحسسه الناس العاديون، فهو عندما يرى حادث مرور وهو في طريقه عائدٌ إلى بيته من عمله، لا يمكن أن يمر عليه الحادث مر الكرام،بل لا بد أن يفكر في أسلوب هذا الحادث ودوافعه، ليحاول الوصول إلى العبرة المستقاة منه، ويحاول أن يكتب قصة عن الحادث الذي عاشه أو سمع به أو قرأ عنه. ليقول مثلا أن السائق كان ثملا فضرب بعمود الكهرباء أو أنه كان يسير بسرعة فائقة، ولم يستطع السيطرة على سيارته فوقع الحادث، فكأنه يقول لقرائه أيا كم وتعاطي المسكرات،وإياكم والسرعة فهي سبب لحوادث المرور، ويمكن للقاص أن يمزج الواقع بالخيال، فيعيد ترتيب الحوادث لتبدو القصة مقنعة للقارئ.

ومن الممكن أن يستمد الأحداث بما يمر به من تجارب كما يفعل المحامون من الكتاب أو الأطباء، كطبيب يكتب (حكايا طبيب)وقد يكون الكاتب حلاقا فيستمع إلى ما يدور بين الناس من حكايات في المجتمع،فيعيد صياغتها من جديد، ليضيف إليها من خياله الخصب ما يجعلها قصة فنية تبدو أحداثها منطقية مقنعة حتى ليكاد القارئ بعد انتهائه من قراءتها يقول: هذه القصة أحداثها حقيقية, وأحداث القصة تكتسب قيمتها من عمق التحليل، والصدق في التعبير عن تجربة الكاتب أو عن تقديمه صورة واضحة مقنعة عن حياة طبقة، أو جيل أو مجموعة من الناس وكأننا نعيش معها من خلال القراءة

فنراها، وكأنها أشخاص حية، وهكذا تنتقل التجربة الصادقة من الأديب في تعبيره عن تجربته إلى قرآئه.

٢-الحبكة أو العقدة:

يحلو لنقاد القصة أن يتحدثوا عما يسمونه الحبكة بدلا من الإطار. وهي ارتباط حوادث القصة وشخصياتها ارتباطاً منطقياً يجعل من مجموعها وحدة ذات دلاله محددة وبناء متماسك الأجزاء.

ومعنى ذلك أن هناك في القصة ذات الحبكة سبباً وراء كل حدث أو تصرّف ويحتاج القارئ في تفسيره وفهمه إلى صفتين: الذاكرة والذكاء, الذاكرة لتذكر ما فات من الحوادث لفهم ما هو آت , والذكاء لتفسير ما هو آتٍ منها في ضوء ما فات والقارئ العادي لا يرهق نفسه في فهم الأحداث وتبريرها والربط بينهما , لكنهُ يكتفي بالنظر إلى نهاية الحدث والوصول إليه.

وتكون الحبكة غامضة في البداية ثم تكتشف تدريجياً , وفي غموض الحبكة وعدم انكشافها بسرعة تحدٍ للقارئ الذكي ومجال للاستشعار بالمتعة الذهنيّة في معالجة هذا الغموض وتقليب النظر فيه.

فعندما تبدأ القصة بمقدّمة , تهيئ القارئ لتقبل ما يدور في القصة من صراع بين الشخصيات حتى يصل إلى ذروته من التعقيد وهنا لا بد من تفسير , وهذا العنصر يرتبط ارتباطاً كاملاً بالحوادث وتسلسلها وارتباطها بروابط السببية , فإذا كانت الأحداث متفاعلة وملتحمة تكون الحبكة متماسكة , وإذا بنيت القصة على سلسلة من الحوادث أو المواقف المنفصلة التي تلتقي في بيئة زمانية أو مكانية تكون الحبكة مفككة , المهم أن تكون الحبكة هي ذروة الحوادث للغز الغامض, سبّب التساؤل لدى القارئ أو السامع , وبقدر ما يتكهن القارئ

لحل العقدة وهي (ذروة التأزم في القصة) وعدم توصله إلى ذلك بقدر ما تكون العقدة مشوّقة وجيدة , فيجعل الكاتب عندئذ شخصية من شخصيات القصة تلقي الضوء فتفسر العقدة.

ويمكن تعريف العقدة بعد كل ذلك بأنها: ذروة التأزم التي أوجدتها مجموعة الحوادث والأزمات المتصلة وتعقدها وهي قمة الحدث في القصة.

ولحظة التنور: التحول المتوقع في عقدة القصة التي تشد أحداثها القارئ ويتوقع التحول في كل لحظة , ويقدّر قارئها براعة الكاتب.

الارتداد المكاني والزماني: هو إدخال منظر أو حدث وقع في زمان مضى لتوضيح الواقع , وهو وسيلة فنية يشترط أن تكون خاطفة كيلا ينقطع سياق مجرى الأحداث وهي تدعى عند الغربيين (Flash back).

٣- البيئة (الزمان والمكان)

هو المكان الذي تجري فيه أحداث القصة في وقت من الأوقات , أو هي مجموعة الظروف التي تؤثر على شخصيات القصة في مكان وزمان محددين , وعلى الكاتب أن يرسم شخصياته بشكل لا يتناقض مع الواقع , إذ انتقد محمود تيمور في قصته (نداء المجهول) بأنه يجعل راوي القصة يرى سوريا سنة (١٩٠٨) في حين أن سوريا في هذا الوقت كانت ولاية عثمانية , لم تستقل بعد... أو أنْ يتحدث عن صحارى لبنان , مع العلم أن لبنان يخلو من الصحارى , والمطلوب أن يدرك القاص بيئة شخصياته إدراكاً تاماً سواء المكان أم الزمان.

٤- الشخصيات:

لا بد للقصة من شخصية أو شخصيات , ولا بد للقارئ من أن يتعاطف مع هذه الشخصية , ولكي يتم التعاطف بين شخصية القصة وبين قارئها لا بدّ من قيام علاقة وثيقة بينهما , وبمقدار ما يكون الكاتب بارعاً في رسم شخصياته وتأنيسها وتقريبها قادراً على نقل أحاسيسها إلى القارئ في حركاتها وسكونها , في صمتها وكلامها في تصرفاتها جميعاً وهو ما يسمى بالتشخيص في القصة.

والشخصية في القصة هي المحور التي تدول حوله القصة كلّها , ومن ثم فإن أهميتها لا تحتاج إلى توضيح , لكن إغفال أهمية الشخصية والعجز عن رسمها في ذهن القارئ بوضوح يجعلها تبدو ضعيفة وغير واقعية , وكأنما الكاتب يتحدث عن شخصيات جاء بها من عالم آخر , لذا فرسم الشخصية يستلزم مزيداً من الجهد والبراعة والخبرة والحذر.

وللشخصية أبعاد ثلاثة منها:-

١-   الجانب الخارجي: يشمل المظهر العام والسلوك.

٢-   الجانب الداخلي: يشمل الأحداث النفسية والفكرية والسلوك الناتج عنهما.

٣-   الجانب الاجتماعي: يشمل المركز الذي تشغله الشخصية في المجتمع وظروفها الاجتماعية بوجه عام.

وهناك ملاحظات لا بد من الأخذ بها عند رسم الشخصية:

١-   ينبغي أن تكون أبعاد الشخصية واضحة.

٢- ينبغي أن تكون الشخصية منطقية في تصرفاتها وسلوكها في أبعادها الثلاثة.

٣- ينبغي أن يبرر الكاتب موقفاً متناقضاً قامت به الشخصية.

٤-   ينبغي أن تكون الشخصية نابضة بالحياة والحركة.

والشخصيات التي تظهر في القصة نوعان:

- الشخصية المكتملة (ثابتة أو مسطحة): وهي شخصية لا تنمو ولا تتطور بفعل الحوادث , بل تظهر في القصة دون أي تغيير , بسلوك واحد , وتصرفات ثابتة وبردود فعل متوقعه ومعروفة.

أو هي التي لا تتبدل سلوكياتها من بداية القصة حتى نهايتها وهي على الأعم بين كبار السن والناضجين. لأن الإنسان في هذا السن يصعب أن يغير تصرفاته ويصبح أكبر ما يكون للمحافظة على عاداته والتمسك بقناعاته.

- الشخصية النامية المتطورة وهي الشخصية التي يتم تكوينها على توالي أحداث القصة وتبدأ تتكشف بالتدريج, فتتطور من موقف لآخر وتتغير تصرفاتها طبقاً لتغير المواقف والظروف, ويحتاج فهم هذه الشخصية إلى ذكاء للوقوف على ما مضى من أحداث مرتبطة بها وهي عكس الشخصيات الثابتة , نجدها لدى الشباب , تنمو وتتطور بتطور أحداث القصة فتتبدل سلوكيات الشخصيات تبعاً للأحداث.

تسمى الشخصية من النوع الأول: الشخصية الجاهزة ومن النوع الثاني الشخصية النامية.

هل شخصيات القصة شخصيات واقعية ؟

من أين يستلهم الكاتب القصصي شخصياته ؟

أحيانا تكون واقعية وأحيانا تكون من نسج الخيال. إن الكاتب القصصي يستلهم الشخصيات من الواقع ولكنه لا ينقلها عنه نقلا حرفيا، بل يختارها من شخصيات واقعية متعددة الصفات، ثم يؤلف بين الصفات فيرسم الشخصية التي يرتضيها لأحداث قصته. وعندما يرسم الكاتب القصصي شخصياته تلحظ أنه يقدم نوعين منها:

أ- شخصيات رئيسية: وهي محور القصة.

ب- شخصيات ثانوية: يأتي بها الكاتب لتلقى الضوء على تصرفات الشخصيات الرئيسية.

٥- الأسلوب (السّرد).

السرد: هو نقل الحادثة من صورتها الواقعة إلى صورتها اللغوية "أي التعبير بالألفاظ عن حادثة ما، واللغة هي وسيلة التعبير.

"وأسلوب ا لتعبير الذي يرتضيه الكاتب هو الرابط بينه من جهة وبين قارئ القصة من جهة أخرى.

ولا يقوم هذا الربط بينهما ما لم يكن الكاتب مالكا زمام اللغة،ويتقوى هذا الرابط كلما كان الكاتب أقدر على التعبير عن أفكاره بلغة سليمة واضحة مبرأة من الخطأ.

ولا يكتفي في السّرد باستخدام الأفعال المجردة،بل يستخدم العنصر النفسي عادة لإكساب الأسلوب مزيدا من الإيقاع والتأثير.

وهناك أنواع من أساليب سرد القصة:

- أسلوب السرد المباشر: وفيه يكون الكاتب بمثابة الراوي لأحداث يعرضها ويؤرخ لها.

- الأسلوب التعبير الذاتي: وهو أن يكتب الكاتب بأسلوب المتكلم ينسب الأحداث والوقائع لنفسه، فيجعل من نفسه إحدى شخصيات القصة، وكثيرا ما يؤخذ بهذا الأسلوب في الترجمة الذاتية.

- أسلوب السرد الحواري: الذي يديره الكاتب على ألسنة الشخصيات، ويعرض بهذه الواسطة ما يريد من أفكار وآراء تحقق هدفه من القصة.

وقد يجد الكاتب نفسه مضطرا أحيانا إلى استخدام غير أسلوب (أي اكثر من أسلوب) في القصة الواحدة، ليساعد ذلك في التعبير عن مواقف متنوعة في قصته.

ولا يخفى أن أسلوب السرد المباشر هو الأكثر استخداما في القصة وفي الرواية الطويلة.

والأسلوب بشكل عام: هو العنصر الذي بواسطة اللغة ينقل القصة من مجرد حكاية مروية إلى عمل فني.

والأسلوب الطبيعي للقصة هو الأسلوب الخالي من الزخارف البديعية ومن المبالغات المنطقية والخيالات التي لا تخدم الحدث والحبكة، فالأسلوب القصصي يعتمد على تنوع المواقف من مناجاةٍ إلى حوار ثم وثيقة على شكل رسالة، والأسلوب يكون أحد أساليب السرد المختلفة كالترجمة الذاتية، أو الوصف، وقد يكون السرد بلسان الراوي أو بلسان بطل القصة.

وكلما كان في القصة نوع من المرح والفكر العميق، وقدرة المؤلف على رسم الشخصيات الحية ببراعة، وعدم تدخل الكاتب في لغة الشخوص أو

حوارهم،بل يترك الأمور تسير بشكل طبيعي شائق، كان أسلوب القصة ممتعا وقريبا من القارئ.

أنـواع الـقـصـة

١- القصة السّرديّة.

إذا عُنيت القصة بالحادثة وسردها سميت بالقصة السّردية، والحركة في هذا النوع من القصص عنصر أساسي وهي حركتان:

- عضوية: بحيث تحقق بأحداث القصة ومجرياتها.

- ذهنية: تحقق في تطور الفكرة العامة واتجاهها نحو هدف القصة.

٢- قصة الفكرة.

إذا كانت العناية منصبة على الفكرة والاهتمام بها واضحا والاهتمام بالتشخيص والسّرد أقل فهي (قصة الفكرة)وفي هذا اللون تتصرف الشخصيات وفقا لفكرة الكاتب تبعا لتكوينها الخاص، ويغلب الجانب المنطقي ويقل جانب الحركة.

٣- القصة الدرامية.

تتصرف الشخصيات التصرفات النابعة عن الشخصيات ذاتها، فحركتها حرة مرتبطة بإرادتها لا منوطة بإرادة الكاتب ومشيئته.

٤-القصة القصيرة.

تتراوح عدد صفحاتها من ٣-٢٠ صفحة.

٥-القصة المتوسطة.

تتراوح عدد صفحاتها من ٢٠- ٧٠ صفحة.

٦-الأقصوصة.

وهي أقصر الأنواع السابقة وهي كالخاطرة عبارة عن فكرة خطرت ببال الكاتب، فنسج منها قصة بطريقة فنية، تنطبق عليها شروط القصة الفنية.

٧-الرواية (القصة الطويلة)، هي التي تزيد عن ٧٠صفحة.

وتختلف القصة القصيرة عن القصة بوحدة الانطباع: وهي تمثل غالبا حدثا واحدا في وقت واحد ويتناول شخصية أو حادثة أو عاطفة مفردة. أو مجموعة من العواطف التي أثارها موقف واحد.

ويؤثر قصر القصة في اختيار موضوعها وأسلوب بنائها وطريقة عرضها وصياغتها، مما يجعل موقف كاتب القصة القصيرة أصعب من كاتب القصة أو الرواية الطويلة. لأنه مضطر إلى استيفاء عناصر القصة في حيز محدد من الزمان والمكان، فهو يتجاوز كثيراً من تفاصيل الأحداث أو يمسها مسا رفيقا ويتجاهل فترات زمنية لا حاجة لها، مع مراعاة الوحدة الزمنية التي تربط بين الفترات المتباعدة. وهو مضطر إلى الإقلال من عدد الشخصيات خلافا للرواية الطويلة وربما اكتفت القصة القصيرة في أحيان عدة بشخصية البطل

الرئيسة. وكل ذلك يجعل التركيز صفة أساسية في موضوع القصة القصيرة في الحادثة وطريقة السرد.

وقد اختلف في طولها آخذاً في الاعتبار المقياس الزمني، فعد القصة القصيرة التي يمكن أن تقرأ في نصف ساعة أو ساعة أو أقل من ذلك أو أكثر، وجعل بعضهم حجم القصة مقياسا فذكروا أن القصة القصيرة تتراوح كلماتها من بين (١٥٠٠و ١٠٠٠) كلمة، والأمر نسبي.

لقد أصبحت القصة القصيرة أكثر الأنواع الأدبية رواجا في هذا القرن لأن حجمها ووقت قراءتها يلاقيان قبولا لدى الصحافة والإذاعة التي تتقيد دوما بحيز ووقت محددين أما الرواية فهي في الأصل اللغوي: نقل الماء من مكان إلى آخر، استعير هذا المعنى لنقل الخبر فصار يقال: رويت الحديث والشعر رواية فأنا راو في الماء والشعر والحديث.

والرواية هي اللون القديم من القصص ذات الأصول التاريخية الحافلة بالبطولات والخيال وضروب المستحيل. وهي الصورة الأدبية النثرية التي تطورت عن الملحمة القديمة كان ظهورها في أوروبا مرتبطاً بالنظام الإقطاعي الذي ساد في العصور الوسطى.

والقصة والرواية مصطلحات غير مستقرة المدلولات عندنا، فقد يطلق هذان المصطلحان أحيانا ترجمة للفظة الإنجليزية(NOVEL) إلا أن المتعارف عليه أن الرواية أكبر الأنواع القصصية من حيث الحجم، فهي أطول من القصة وأوسع ميدانا واكثر أحداثا وأشخاصا، وهي والحالة هذه على عكس القصة القصيرة، إذ يستطيع كاتبها أن يجري الأحداث ببطء ويحركها بتؤدة. وليس كاتب الرواية على عجلة من أمره أو ضيق لا من حيث الزمان ولا من حيث المكان، ولا من حيث الحيّز، ولا من حيث الصياغة والإخراج،

فان طول الرواية يساعد على التحليل والوقوف على الجزيئات وتناولها تناولا مبسطا تفصيليا، والرواية أخيراً تنزع إلى الفرار من الواقع وتصوير البطولة الخيالية، وفيها تكون الأهمية للوقائع وللأحداث التي ينظمها قاسم مشترك، لا للشخصيات والأبطال الذين يتغيرون ويتبدلون تبعا لتوالي الأحداث والوقائع.

ما هي القصة الجيدة في نظر القارئ ؟

تلك القصة التي توفر أكبر قسط من المتعة وتبعث السرور في نفسه, وبما أن القرآء يختلفون ثقافة ومركزاً , فإن ما يستهوي شخصاً قد لا يستهوي الآخر , لكن الجميع **يحب الحيوية وصدق التصوير وهذه الحيوية تتجلى في مظاهر شتى هي:**

أ- المرح والرشاقة.

ب- الفكر العميق.

ج- قدرة الكاتب على رسم الشخصيات الحيّة.

د - قدرة الكاتب وبراعته في رسم البيئة.

ه- المحافظة على وحدة القصة وترابطها.

و - عدم التدخل من الكاتب سواء في لغة الشخوص أم حوارهم بل يترك الأمور تسير بشكل طبيعي.

وقد يتساءل البعض منا , ما هو سبب التأثير الذي تتركه القصة الجيدة في النفوس ؟ هل هو ناتج عن سلسلة الحوادث ؟ أو عن شخصية ما ؟ أو عن الفكرة ؟ ؟أو عن الصورة للمجتمع (الزمان والمكان)؟.

لا شك أن مرجع التأثير عائد للعنصر السائد في القصة , وسيادة عنصر ما في القصة تظهر في شكل من الأشكال التالية:-

سيادة الحدث , سيادة البيئة , سيادة الشخصية, سيادة الفكرة , ويخرج القارئ من القصة وقد غلَّب على نفسه عنصر من هذه العناصر , والحقيقة أن الحادثة هي اكثر العناصر شيوعاً في القصص ولكي يحقق الكاتب هذه السيطرة فهو يرسم المشاهد , ويصف المواقع التي تدور فيها الأحداث وفي هذا النوع لا يأبه الكاتب لتصوير البيئة ورسم الشخصيات بل كل ما يعنيه هو أن يقدّم سلسلة من المواقف الحرجة والأحداث المثيرة والعواطف المتأججة, ويسمى هذا النوع قصص الحوادث مثل قصة اللص والكلاب لنجيب محفوظ.

وإذا أراد الكاتب إبراز عنصر الشخصية فأنه يهتم بتحليل الذات الإنسانية واستنباطها , والتعمق في أغوارها , ورصد مراحل تطورها , والكشف عن الدوافع الحقيقية الكامنة وراء تصرفاتها وأفعالها , فتكون الأحداث بطيئة , ويسمى هذا النوع من القصص قصة الشخصيات مثل قصة (ثلاثة رجال وامرأة) للمازني وقصة (الكرنك) لنجيب محفوظ.

وعندما تكون القصة قائمة على التفاعل التام والمشترك بين الشخصيات والأحداث (الحبكة) يبدو الصراع واضحاً وهذا النوع يسمى القصة التمثيلية مثل (قصة بداية ونهاية) لنجيب محفوظ.

وإذا كانت القصة تدور أحداثها حول الحياة الإنسانية عامة في تطورها وتغيرها, وعدم الاهتمام بالحبكة المتماسكة ويكثر فيها الغموض والإبهام فتسمى قصة الأجيال , مثل قصة (الثلاثية) و(الحرافيش) لنجيب محفوظ.

وهناك نوع يصور الفترة الزمنية لشريحة أو قطاع من الحياة المعاصرة وخاصة في فترات الانتقال وهذه النوع يسمى قصة الفترة الزمنية مثل (الرغيف) لتوفيق عواد و(زقاق المدق) لنجيب محفوظ.

أما القصة التي تهتم بتسجيل حياة الإنسان وعواطفه في إطار تاريخي تسمى القصة التاريخية مثل قصة (الحجاج) لجورجي زيدان.

أساسيات تحليل القصة

- الحدث ومدى ترابطه مع عناصر القصة. التركيز على التأزم , والحبكة هل هي متماسكة أم متفككة ؟ التدرج إلى الحل.

- الشخصيات , ومدى ارتباطها بالأحداث , وأنواعها , ودور الشخصيات الثانوية

- البيئة(الزمان والمكان) هل هي طبيعية أو يوجد ما يؤثر فيها ؟.

- الفكرة, مصدرها , أهميتها, ترتيبها , جدتها,صحتها.

- الأسلوب ,السرد , الذاتي , أو غير ذلك , الحوار , اللغة المستخدمة.

- براعة الكاتب في الفكرة , رسم الشخصيات الحية , رسم البيئة , وحدة القصة وترابطها تدخله أو عدم تدخلّه في لغة الشخوص , التشويق.

- التأثير الذي تتركه القصة على القارئ ,بيان سببه.

-نوع القصة , والعنصر الذي ساد في القصة وظهر بوضوح.

- مميزات القصة , البساطة , سهولة الألفاظ , التكلّف والتصنع.

أسئلة عامة

١- هل يشترط في أحداث القصة خبرة الكاتب؟ لماذا؟

٢- فرّق بين العقدة وذروة التأزم؟

٣-كيف يتم اختيار الشخصية في القصة؟

٤- فرّق بين القصة والرواية؟

٥- اعقد مقارنة بين القصة والسيرة الذاتية؟

٦- اكتب شروط القصة الجيدة للأطفال؟

٧- قدّم نقداً حول قصة قرأْتها مستخدماً أسلوب التحليل ؟

٨- ما هي القصة الجيدة من وجهة نظرك؟

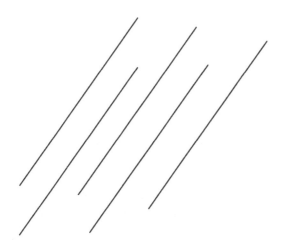

الوحدة الـثامـنة

فــــن الـروايــــة

تعريفها

أنماطها

عناصرها الفنية

تحليل رواية رجال في الشمس

الـروايـــة

* تعريف الرواية:

قصة طويلة ذات انماط كلامية متباينة في أصواتها تخضع لقوانين أسلوبية مختلفة, شخصياتها غير مستقرة غير مقيدة بزمن, واسعة الخيال.

والرواية في اللغة: بمعنى (روى)،أي نقل الماء من مكان إلى آخر , ثم استعير هذا المعنى لنقل الخبر , فصار يقال: رويت الحديث والشعر رواية , فأنا راوٍ في الماء والشعر والحديث.

والرواية اصطلاحاً: لون قديم من القصص ذات الأصول التاريخية الحافلة بالبطولات والخيال وضروب المستحيل وهي الصورة الأدبية النثرية التي تطورت عن الملحمة القديمة , وكان ظهورها في أوروبا مرتبطاً بالنظام الإقطاعي الذي ساد في العصور الوسطى.

الرواية اكبر الأنواع القصصية من حيث الحجم, فهي أطول من القصة ,وأوسع ميداناً واكثر أحداثا وأشخاصاً , وهي والحالة هذه على عكس القصة القصيرة إذ يستطيع كاتبها أن يجري الأحداث ببطء ويحركها بتؤدة, وليس كاتب الرواية على عجلة من أمره أو ضيق لا من حيث الزمان ولا من حيث المكان , ولا من حيث الحيز , ولا من حيث الصياغة والإخراج ,فان طول الرواية يساعد على التحليل والوقوف على الجزيئات وتناولها تناولاً مبسطاً بشكل تفصلي , والرواية تنزع إلى الفرار من الواقع وتصوير البطولات الخيالية وفيها تكون الأهمية للوقائع والأحداث التي ينظمها قاسم مشترك لا للشخصيات والأبطال الذين يتغيرون ويتبدلون تبعاً لتوالي **الأحداث والوقائع, الأنماط التأليفية في العمل الروائي.**

١- السرد الأدبي الفني المباشر للكاتب (في أشكاله وصوره المختلفة).

٢- أشكال السرد الحياتي اليومي الشفوي المختلفة.

٣- كلام شخصيات الرواية بشكل مفرد.

عناصر الرواية (وشروطها الفنية)

١- الأحداث وهي المحور الأساسي الذي ترتبط به باقي عناصر الرواية ارتباطاً وثيقاً وهو منبثق عن الفكرة, التي يريد الكاتب معالجتها.

ويستمد الكاتب مادته لبناء أحداث الرواية من كل ما يقع تحت سمعه وبصره ليكوّن مخزوناً فنياً له عند الكتابة, فضلاً عن الخيال الواسع المنطقي وغير المنطقي أحيانا , فتبدوا الأحداث واقعية مع إنها مبنية على الإيهام والخيال والمحاكاة.

ويقوم الكاتب عادة بانتخاب ما يراه صالحاً لبناء روايته , من مخزونه الثقافي , فليس كل حدث يجري في الحياة يمكن أن يكون صالحاً لبناء رواية.

وعملية الانتخاب هذه تحتاج إلى موهبة وقدرة وصقل علمي وإفادة من الخبرات ليتمكن من انتخاب الحدث المتميز والمثير.

وعادة تحتوي الرواية على حدث أو أحداث رئيسية متعددة مرتبطة بالشخصيات وتتداخل هذه الأحداث مع أحداث فرعية تقوي الحدث الرئيسي.

علائق الحدث.

أ- التأزم والتعقيد , يتكون الحدث أو مجموعة الأحداث عادة من بداية ثم تتداخل الأحداث , فتتعقد الأمور وتنتهي بحل ما , ولا تتعقد الأحداث , إلا بتداخلها وتفاعلها معاً , لتصل إلى درجة من التعقيد تسمى الذروة, وعندما

يصل إليها القارئ يحس بانفعال شديد , وتزداد متعتهُ , ويتضاعف شوقه إلى معرفة الحل.

ب- الحبكة: وهي سلسلة الحوادث التي تجري في الرواية مرتبطة برابط السببية ,فإذا كانت الأحداث متفاعلة وملتحمة تكون الحبكة متماسكة ,وإذا بنيت الرواية على سلسلة من الحوادث أو المواقف المنفصلة التي تلتقي في بيئة زمانية أو مكانية تكون الحبكة مفككة , ومما يؤثر على الحبكة الحشو والإسهاب في بعض المواضع والإيجاز والحذف في مواضع أخرى, أي عدم المحافظة على التناسق, وقد تكون الحبكة بسيطة إذا كانت أحداثها بسيطة, وقد تكون مركبة مبنية على أحداث متداخلة

٢- الشخصيات

لا بد للأحداث من شخصيات تقوم بها ,لذا ترتبط أحداث الرواية بشخصياتها ارتباطاً وثيقاً يصعب معه الفصل بينهما.

ويختار الكاتب شخصياته من الحياة عادة ,شأنها شأن الأحداث وقد يعيد رسمها ويضيف عليها صفات خيالية لتعبر عما يهدف إليه.

وتقسم الشخصيات إلى رئيسية وثانوية , شرطها أن لا تطغى الفرعية على الرئيسية, وأهمية الشخصيات الثانوية تبرز في إنها توضّح الرواية وتوجه الحبكة والأحداث نحو الشخصية الرئيسية, ونظراً لطول الرواية فقد تتعدد الشخصيات إلى اكثر من القصة بكثير.

ويحتاج الكاتب إلى ثقافة نفسية واجتماعية كي يستطيع إبراز شخصياته بعمق من حيث الظاهر ومن حيث الباطن (الانفعالات) ومن حيث كونه فرداً في مجتمع يتأثر به لأنه شريحة من المجتمع.

وقد يكون رسم الكاتب للشخصية عن طريق الوصف السردي أو عن طريق احتكاك الشخصيات بعضها ببعض بالحوار أو بالأحداث فتظهر تلك الأبعاد الخارجية النفسية الاجتماعية

ومهما كان نوع الشخصية في الرواية (رئيسية أو فرعية أو نمطية أو ذات مواصفات مختلفة) فان حياتها تكمن في قدرة الكاتب على ربطها بالحدث (التفاعل) أو جعلها معبرة عن الموقف دون تصنع.

٣- البيئة (الزمان والمكان)

البيئة هي الوسط الطبيعي الذي تجري ضمنه أحداث الرواية , وتتحرك فيها شخصياتها , وما يقع لها من أحداث وما يؤثر فيها من مؤثرات , وهي مجموعة القوى التي تحيط بالفرد في الرواية وما لها من اثر في تكيفه.

ومصادر الكاتب في تصوير البيئة, ملاحظاته وقراءاته المختصة , فحين يكتب رواية تقع أحداثها في لبنان على سبيل المثال يجب أن يكون لديه تصور عن طبيعة لبنان.

وقد يختص الكاتب في رسم بيئات معينة يجعل الشخصيات تتحرك ضمنها ومن هذه البيئات البيئة البحرية , المدن الصناعية , الأوساط الشعبية...الخ)

٤- الفكرة.

الفكرة هي المعنى الذي يصدر عن الذهن , وهي تتطلب من الكاتب أن يسلط عليها ضوءاً ساطعاً يبرزها واضحة مؤثرة.

والفكرة تقيّم في ضوء عدة معايير من أبرزها ما يلي:

- مصدرها: أي هل هي من الواقع أو قريبة منه أو من الخيال؟

- أهميتها: أي هل هي عدداً كبيراً أم قليلاً من الناس ؟

- ترتيبها: أي هل أتت من مكان مناسب أم غير مناسب؟

- جدتها: أي هل هي جديدة مولدة أم قديمة مألوفة ؟

- صحتها: أي هل هي صحيحة أم باطلة أم خيال ؟

وتجدر الإشارة إلى أن الفكرة تكون عظيمة ومؤثرة إذا كانت من الواقع أو قريبة منه , وتهم عدداً من الناس , بالإضافة إلى مجيئها في المكان المناسب واتسامها بالجدة والصحة.

٥- الأسلوب.

وهو العنصر الذي يكسب الرواية بعدها الفني وينقلها من مجرد حدث أو أحداث إلى عمل فني مرموق.

فمن حيث الإطار العام يختار الكاتب الطريقة الفضلى في تقديم روايته, وأما من حيث السرد فقد يختار الكاتب أسلوبا أو أكثر من أسلوب من أساليب السرد أو الوصف أو التأمل والخيال , وقد يكون السرد بلسان الراوي أو بلسان بطل الرواية نفسه.

وقد يختار الكاتب مواقف حوارية محدثاً تشويقاً نتيجة تغير نمط السرد, ويساعد على كشف نفسيات الشخوص , كما أنه يقوم بربط الشخصيات بعضها ببعض , ويلهب الصراع وقد سبق الحديث عن اهمية الحبكة وكيفية تكونها , وما تحدثه من تشويق ناتج عن السرية والغموض في حادثة من حوادث الرواية.

أمّا اللغة فهي عنصر مشترك بين أنواع الأدب شعرها ونثرها , ويرى بعض النقاد ضرورة المواءمة بين الشخصيات في الرواية ولغتها , فإن كان غير مثقف كانت لغته عامية على سبيل المثال , ويرى أكثرهم أن ترتفع الرواية

بمستوى شخصياتها وتكون اللغة فصيحة غير مصطنعة , مع تمايز بين لغة الشخصيات بحسب ظروفها وثقافتها.

٦- مجموعة من الاعتبارات.

أ- مراعاة التوازن بين مراحل الرواية المختلفة , فلا نطيل أكثر مما يجب ولا نبالغ في عرض العقدة , ولا نسهب في التعقيد أكثر من الضروري.

ب- التشويق عامل أساسي في كتابة الرواية , وإذا لم يستطع الكاتب أن يشد انتباه القارئ الذي تسرب الملل إلى نفسه , فماذا يضمن للكاتب أن روايته ستقرأ إلى النهاية ؟

ج- نجاح الرواية يعتمد على الطريق المباشر والأسلوب الخطابي المبدع.

د- مراعاة ظروف الزمان والمكان وارتباطها بعادات الناس وتقاليدهم وأساليبهم في التعامل هـ- اتفاق الشخصيات بأفعالها وأقوالها مع حقيقتها , ويكون الحوار متفق مع الظروف البيئية والمستويات الفكرية.

* التحليل:

لا يختلف تحليل الرواية عن تحليل القصة, لكن تحليل الرواية يحتاج إلى عمق وخبرة كبيرين للوصول إلى التحليل الأدبي للرواية ولا بأس من ذكر العناصر الرئيسة في عملية **تحليل أي عمل روائي يمكن أن يتعامل معه الطلبة.** لذلك تنحصر عناصر التحليل بإبراز:

١-   الفكرة.

٢-   الأحداث.

٣-   الأسلوب.

٤-   الشخصيات.

٥-   البيئة المكانية والزمانية.

٦-   اللغة والصراع.

٧-   الانفعالات (النفسية).

٨-   العنصر المؤثر.

من الروايات التي تستحق أن تنظر إلى تحليلها بعناية كبيرة رواية رجال في الشمس (لغسان كنفاني) , دائرة الفرح اللامكتملة (حسين الخطيب), عائد إلى حيفا (غسان كنفاني) ربيع آخر (تكاشا توجي).

تحليل رواية غسان كنفاني (رجال في الشمس).

الفكرة العامة.

الشعب الفلسطيني الذي ضاع في خيام التشرد , وهي تجربة للموت الفلسطيني في أشد لحظات التحدي والمقاومة. وعلى الرغم من أن أبطالها ثلاثة إلا أنها تعني شعباً بأكمله عانى وقاسى وعاش الحياة بقسوتها إلى أن سلبت منهم الحياة.

الأفكار الجزئية:

- خيام التشرد وقسوة الحياة والفقر الشديد.

- التحدي في اتخاذ القرار.

- الهرب إلى الكويت في خزان صهريج.

- تصوير بشاعة السائق وتصوير الأحوال الاجتماعية داخل الأسر الفلسطيني.

- تضييع الوقت متعمداً عند توقيع الأوراق.

- الموت في أقوى ظروف التحدي والمقاومة.

- مصير الجثث الثلاثة القمامة.

- الندم في أعماق ذلك المجرم (أبو الخيزران).

الأسلوب:

اكسب الرواية بعداً فنيا فكانت في مصاف الأعمال المرموقة فتنوع الأسلوب من السرد إلى الوصف إلى التأمل في الحياة وقسوتها. احتوت الرواية على مواقف حوارية أضفت عليها عنصر التشويق. الحوار الذي جرى بين الشخصيات كشف عن النفسيات الداخلية وألهب الصراع الخارجي والداخلي.

أما حبكة الرواية فقد سارت بتسلسل رائع حتى أوصلتنا إلى ذروة التأزم عند ضياع الوقت في توقيع الأوراق من قبل ذاك السائق الجشع (أبو الخيزران)،وصراع الأبطال الثلاثة مع الموت.

* الشخصيات.

١- أبو قيس: رجل كبير السن ذو لحية كثة رمادية تلمع في الشمس كأنما طليت بالقصدير.

أبو قيس فوق التراب الندي ندى وقلبه الحنون بحب أهله قد أنكوى

غدا حالماً هائماً ببيت صغير أو غرفة دافئة في المخيم هوى

سباع الجوع من عظمه شبعت وعظمة الضعيف من خلف جلده يُرى

٢- مروان: شاب في السادسة عشرة من عمره , حاول التغلب على مأساته المعيشية.

مروان وأي فتى أنت اهكذا الدنيا بك مشت

أبُ ظالم وأخ غادر وأمك وأنت ظَلمت

فمأساتك مأساة شعب في كل بيت فلسطيني ربت

٣- أسعد:

طويل ضخم حالم بدنانير كثيرة أمل

جوع وفقر وقسوة ألم وتشرد حصل

طموح آمل متحدٍ لكل مآسي الحياة احتمل

الشخصيات الرئيسية من الحياة العادية واقعية , قاست مر الحياة وحلمت بالحياة.

الشخصية الثانوية (أبو الخيزران) السائق الجشع.

مهارة الكاتب كانت ظاهرة في إبراز الشخصيات بانفعالاتها التي عبرت بتعبير صادق عن آمالها , وأحزانها كونها شخصيات من شريحة مجتمعية.

* البيئة المكانية والزمانية

البيئة المكانية: مخيم من المجتمعات الفلسطينية,الكويت بلد الفرص والآمال ,الحدود , خزان الماء(الصهريج)

البيئة الزمانية: في بدايات الهجرة من فلسطين.

اللغة والصراع:

هناك تناسق بين الشخصيات واللغة مما أعطى الرواية واقعية, والصراع كان ظاهراً خارجياً وداخلياً.

- الصراع الخارجي: الحرب , الفقر , الأحوال الاجتماعية , الأسرة , الأب , الجشع , الغدر , القوانين , الروتين.

- الصراع الداخلي: التحدي , الإصرار , اليأس , الجشع الداخلي , الأمل, الحلم , الحب , والكره.

الانفعالات والأحداث.

أظهرت الرواية من خلال أحداثها انفعالات ظاهرة وهذا حال المجتمعات الفلسطينية. وقد ابرز الحوار بين الشخصيات مدى قسوة الحياة.

فضلاً عن مشهد الموت في نهاية الرواية الذي حمل للقارئ , انفعالات شديدة من اللامبالاة عند الرجل الجشع , والصراع بين الأبطال والموت.... ولكن النتيجة, الإنسان الفلسطيني إلى القمامة لأنه أراد الحياة.... والعرب يضيقون بحدودهم المصطنعة الحياة عليه.

و يظهر الندم على استحياء من السائق حين يطرح سؤالاً,ولكن أي سؤال !!!.... لماذا لم تدقوا جدران الخزان؟؟

فكيف لهم أنْ يفعلوا ؟؟

والجدير بالذكر أنّ الفروق بين مفهوم القصة عند الكتّاب العرب ومفهوم الرواية غير واضح ولا محددة,بل نلاحظ أن العديد من كتّابنا القصّاصين يطلقون على قصصهم اسم الرواية ومرة وعلى العمل نفسه اسم القصة فيقولون مثلا رواية نجيب محفوظ أو قصة نجيب محفوظ ولعلنا قد أشرنا في تعريف الرواية وخصائصها ما يوضح الفروق بينها وبين القصة.

أما عند الغرب فالقصة تختلف عن الرواية حتى في التسمية إذ أ ن الرواية (novel)

والقصة(story).

أسئلة عامة

١-   ما الفرق بين الشخصيات في القصة والشخصيات في الرواية ؟

٢-حدد مع التمثيل عناصر الرواية الأساسية؟

٣-ما هي شروط الحبكة في الرواية؟

٤- بعد استيعاب مادة هذه الوحدة ,هل تعتقد أن بوسعك تحدد الفروق بين الرواية والقصة

؟

٥-ما رأيك في الأسلوب الذي تبنى عليه الرواية؟

٦-اذكر اسم رواية قرأتها ثم قم بتحليلها إلى عناصرها؟

الوحدة التاسعة

فــــن الـمـسـرحـيّـة

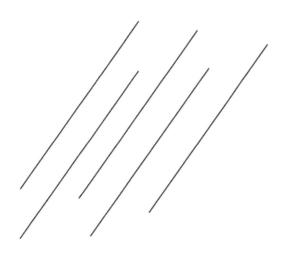

تعريفها

عناصرها

أركانها

الحوار المسرحي ووظائفه

عناصر " التحليل الأدبي للمسرحيّة "

أنواع المسرحيات

نموذج مختصر لمسرحية وتحليله.

المسرحية

تعريفها

المسرحية (لغة): كلمة يحكي اشتقاقها عن نسبتها إلى المسرح , وهو المنصة التي يقدّم عليها هذه النوع السردي من التأليف الأدبي.

المسرحية (اصطلاحاً):هي نوع أدبي , أساسه تمثيل طائفة من الناس لحادثة إنسانية , يحاكون أدوارها , استناداً إلى حركتهم على المسرح , والى حواراتهم فيما بينهم وغاية المسرحية المتعة الفنية أو الانتقاد أو التثقيف.

الغربيون يطلقون على الأثر المسرحي مصطلح (أثر درامي) نسبة إلى (دراما) التي تعني العمل باليونانية , ويقصد منها الحادثة التي وراء العمل المسرحي.

المسرحية: فن التعبير عن الأفكار الخاصة بالحياة في صور تجعل هذا التعبير ممكن الإيضاح بواسطة ممثلين

عناصر المسرحية ومقوماتها:

يقال:أن المسرحية قصة كتبها صاحبها وفي ذهنه أنها ستمثل على المسرح ومن هنا تكون عناصرها مشابهة لعناصر القصة مع الفارق وهي:

١- الحدث.

أنه ليس أي حدث , وإنما هو الحدث الإنساني,أي فعل يؤديه بطل المسرحية , ويكون مستمداً من التاريخ كما يستمد من واقع الحياة , ورغم

امكانية وجود الخيال فيه حتى حدود الإمكان الإنساني تظل لواقعيته قيمتها في المسرح إذ يكون عاكساً للحياة ومحللاً لمواقف الناس فيها.

٢- الفكرة أو الموضوع.

لا بد للمسرحية من موضوع يختاره الكاتب في بداية العمل , والهدف الذي يرمي إليه من عمله الفني, ويعتبر أهم عامل في اختياره للموضوع, قد يكون نابعاً من واقع الحياة المعاصرة أو ثمرة تجربة شخصية للأديب, أو من وحي الخيال المبدع أو فكرة تاريخية أو أسطورية.

وأياً كانت الفكرة الأساسية للمسرحية ,فان وضوحها وضوحاً كاملاً في ذهن الكاتب أمر حيوي حتى لا تخرج غامضة ومفككة , وحتى لا تضيع العلاقة بين الأحداث التفصيلية والحدث الأساسي الذي تتجمع حوله سائر التفاصيل وتعتبر الفكرة مقدّمة منطقية للمسرحية لذا عني بها المؤلفون المحدثون أكبر عناية.

٣- الشخصيات

وهي تابعة للموضوع , يحاول عن طريقها أن يقدّم فكرته ويعرض موضوعه ويلقي حولها الأضواء.

والكاتب حين يرسم شخصياته يحاول أن يقدمها للجمهور من خلال تصرفاتها وحركاتها وما يجري على ألسنتها من حوار, بذكاء ولباقة تمكّن المشاهد من أن يحدد أبعادها, مما يعينه على فهمها والاقتناع بها , والتعاطف معها والانفعال بتصرفاتها ومواقف صراعها في داخل المسرحية.

وهو حينما يفعل هذا يراعي أن كل حركة أو كلمة تصدر عنها في أي موقف من المواقف تتفق في رسم الشخصية مع غيرها من الحركات والكلمات

على أن هذا لا يمنع من نمو الشخصية مع نمو المسرحية خلال تطور أحداثها المتتابعة.,

وهنا لا بد من الإشارة إلى أبعاد ثلاثة في رسم الشخصية.

أ- البعد الجسمي

وله تأثيره النفسي الذي يتضح من اختلاف نفسية الشخص السوي جثمانا , عن نفسية الشخص المشوه أو الشخص المريض , ومن هنا تأتي أهمية البعد الجسمي الذي يحدده المؤلف عادة في الإرشادات التي يكتبها للمخرج. سواء في قائمة الشخصيات أم عند ظهور كل شخصية على خشبة المسرح , وهو ما يحاول المخرج أن يجسده في الممثلين عند اختيارهم , وما يحاول بالمكياج إبرازه.

ب- البعد النفسي:

فله أهميته الواضحة بالنسبة لسلوك الشخصيات وتصرفاتها, فالرجل المفكر المتأمل يختلف في تصرفاته عن الأهوج المندفع.

ج- البعد الاجتماعي:

تبدو اهمية البعد واضحة في تحديد الشخصية لما للأسرة ,والبيئة الاجتماعية والطبقة التي ينتمي إليها, والمهنة التي يمارسها من تأثيرات معينة على سلوك الشخصية وتصرفاتها في المواقف المختلفة.

في الأحوال العادية يركز المؤلف على أحد هذه الأبعاد الثلاثة مع الاهتمام بالبعدين الآخرين.

وعمالقة الأدب أمثال (شكسبير , وموليير) هم الذين استطاعوا إيجاد الشخصيات الحية الخالدة في أذهان الناس والتي جنحت إلى الإيهام بأنها شخصيات حقيقية , واكتسبت وجوداً ذاتياً في عقول البشر كنماذج بشرية حية , عاشت على مر العصور وتعاقب الأجيال , أمثال: هملت الملك لير , وعطيل وشيلوك.

٤-الصراع.

يعتبر الصراع من أهم العناصر الفنية في المسرحية التقليدية فإذا كان الحوار المظهر الحسي للمسرحية فإن الصراع هو المظهر المعنوي لها. وقد بدأ الصراع في المسرحية اليونانية القديمة صراعاً من النوع الخارجي بين البطل وقوة أُخرى خارجية قد تكون شخصية أخرى وقد تكون قوة غيبية كالقدر.

ثم تحول في القرن السابع عشر الميلادي إلى صراع في داخل نفس الشخصية على يد الكلاسيكيين الذين غيروا محركات السلوك وأرجعوها إلى الدوافع النفسية , لعدم أيمانهم بالقدر كقوة غيبية مسيطرة , وبدأنا نرى صراعاً في داخل النفس بين الحب والواجب وبين الحب والكراهية أو بين الضمير والرغبة ,

على إنه ما لبث أن عاد صراعاً خارجياً متخذاً طابعاً جديداً وهو الطابع الاجتماعي حيث يجري الصراع بين أفراد ينتمون إلى طبقات أو طوائف اجتماعية متصارعة ,ولكل طائفة أو طبقة أخلاقها الخاصة وسلوكها المميز , مما يؤدي إلى قيام صراع اجتماعي تمارس فيه الإرادة الواعية دورها للوصول إلى هدف معين ,

ولكن هذا لا يعني أن (الصراع الداخلي) قد انتهى أمره فلا يزال يحيا جنباً إلى جنب مع الصراع الخارجي , وللمؤلف أن يتخير منها في بنائه الدرامي ما يناسب مسرحيته.

والصراع يولد الحركة الدرامية , والحركة بدورها عنصر هام من عناصر المسرحية وهي إمّا أن تكون ذهنية أو عضوية مجسمة.

ومن طبيعة الصراع الدرامي أن يثير انفعال المشاهدين , ويحرك عواطفهم ,عن طريق إثارة العاطفة , يستطيع المؤلف أنْ يشد إليه انتباه الجمهور ويستحوذ على اهتمامه , وإذا كان الصراع بين شخصين , واتخذ المتفرج جانب أحدهما ,فإنه يتابع المسرحية باهتمام متزايد ,أملاً في أن يكلل صراع هذه الشخصية بالنجاح العاطفي.

والمسرحيات التي يكون الصراع فيها ذهنياً بين مجموعة من الأفكار قد تنجح في إمتاع العقول ولكن كاتبها يجد من العسير عليه أن يهز المشاعر أو يحرك القلوب , وبالتالي يفقد عمله كثيراً من عوامل الجذب والتشويق.

وقد ظهرت بعض النزعات الحديثة التي تدعو إلى التجاوز أحيانا عند الصراع الدرامي التقليدي في المسرحيات الجديدة , وإن كان من الضروري أن يعوض إهمال الصراع بعناصر أخرى تولد الحركة الدرامية على خشبة المسرح.

٥- البناء الدرامي.

يتخذ البناء الجيد للمسرحية التقليدية شكلاً هرمياً , يبدأ بعرض خيوط الأزمة وشخصياتها والعلاقات القائمة بينهما , ثم تأخذ الأزمة التي يتمخض عنها الصراع الدرامي في النمو والتطور والصعود من خلال الحدث

الدرامي , حتى تصل إلى القمة أو الذروة , لتأخذ بعد هذا في الانحدار عن السفح الآخر نحو الحل الذي تنتهي إليه.

والحدث الدرامي عبارة عن نشاط يضم الحركة المادية والكلام , والقمة أو الذروة هي التحقيق للفكرة التي تبنى عليها المسرحية في صورة حدث أساسي نامٍ متطور , يجب أن تركب حوادثه وترتب تفاصيله بحيث تجعل الوصول إلى النتيجة التي وصل إليها في النهاية أمراً حتمياً لا مفر منه , ولا افتعال فيه لأن البناء الجيد للمسرحية التقليدية يقوم على أساس محكم في الأسباب والنتائج, ويكون كل حدث فيها سبباً ومقدمة للحدث الذي يليه , دون أن تتدخل المصادفات المختلفة أو المفاجآت المفتعلة في نمو الأحداث وتطورها.

وإذا كانت المسرحية عبارة عن سلسلة من الأحداث ,فان تحقيق الوحدة في المسرحية يقتضي من الكاتب أن يضفي على عمله وحدة عضوية يجعل من المسرحيّة كائناً حياً متناسقاً , متكامل الأجزاء , متجانس التكوين بحيث لا يمكن تغيير أي جزء منها أو حذفه , تماماً كما لا يمكن حذف أي عضو من الكائن الحي بغير أن يلحقه الضرر وتنزف منه الدماء.

والمسرحية تقسم عادة إلى عدد من الفصول يتراوح بين ثلاثة إلى خمسة فإذا كانت ثلاثة فصول ,فإن الكاتب عادة يجعل الفصل الأول منها لعرض الشخصيات وبيان المشكلة , والثاني للأزمة والثالث للحل والوصول إلى النهاية , ومهما كان عدد الفصول فان تحديد كل فصل يجري عادة على أساس بدء وانتهاء مرحلة محددة من القصة العامّة التي تقوم عليها المسرحية أي على حدث مرحلي فيها , وهذا معنى (الحدث) والذي يشير إلى الأساس الذي قسمت المسرحية في ضوئه إلى عدة أجزاء تسمى كل منها فصلاً.

٦- الحوار.

يمثل الحوار مع الصراع والحركة ثلاثة عناصر تتميز بها المسرحية عن غيرها من الفنون الأدبيّة الأخرى.

والحوار هو أداة التعبير والتصوير الوحيدة في المسرحيّة , ومنه يتكون نسيجها , وهو الذي يعطيها قيمتها الأدبية , ولكنه لا يكتمل حتى يعطيه الممثلون الحركة , وتنغيم الصوت , ويستمد من الممثلين قدراً كبيراً من حيويته وتأثيره , كما أن الحوار الذكي اللبق يمثل متعة مسرحية للممثلين والجمهور على السواء ويجنبهم المزالق الخطيرة التي يجب أن يحذر الحوار الانزلاق إليها , في أن يتحول إلى الأسلوب الخطابي , أو يصبح مناقشة ذهنية راكدة تجمد الحياة على المسرح وتشل حركة الممثلين.

وقد بدأ الشعر يختفي من الأدب المسرحي العالي تدريجياً , ابتداء من القرن الثامن عشر ليحل محله النثر , ولما كان المسرح قد اقترب من أنْ يكون مرآة أو مجهراً لواقع الحياة, فأن الحوار الشعري فيه يبدو متكلفاً مصطنعا بينما يصبح النثر أكثر ملاءَمة لطبيعة هذا الفن، واكثر طواعية في تشكيل الحوار.

وترتبط بالحوار قضية من اعقد قضايانا الفنية التي طال حولها الجدل ونعني بها قضية اللغة في الحوار،هل تكون العامية أم الفصيحة ؟ ولدعاة العامية حججهم، ولأنصار العربية حجج أخرى، ولا يبدو أن مجموعة منها ترجح الأخرى إلا في المسرحيات التاريخية والذهنية والمترجمة، حيث يبدو تفوق العربية واضحا، وفي المسرحيات التي تصور بيئات معينة تتكلم العامية ويبدو انطاقها بالعربية مثيراً للسخرية، ونلاحظ أن الحوار الشيء المميز في العمل المسرحي،وهو الوسيلة الوحيدة للتفاهم والتخاطب بين الممثلين ونقل الأفكار وسرد الحوادث للجمهور.

التطور نحو الحل.

إذ لا بد في المسرحية من التناسق بين أجزائها، يسمح بنمو العمل المسرحي وتطوره في التقديم أو العرض ثم في تأزم المواقف ثم الحل وإن الحل. في المسرحيات متنوع فهناك الحلول المفجعة (الموت، القتل) في المقابل هناك الحلول السعيدة مثل (العفو والتسوية).

أركان المسرحية وأقسامها:

تتألف المسرحية من العرض والتأزم والموقف والحل وهذه الأركان متلاحقة بحيث تتماسك وتتساند في تطوير العمل المسرحي نحو الخاتمة.

فالعرض هو البداية، والتأزم والموقف هما الوسط والحل هو النهاية. وبدون هذه الأقسام لا تقوم للمسرحية قائمة ولا تتوفر لها حركة مسرحية.

- **العرض**: تمهيد شامل، وعام للموضوع وهو ملابسات العمل المسرحي.يعرّف الجمهور بالأشخاص، مشاكلهم همومهم، والظروف التي تكتنفهم، والأحداث التي تصير وتتسلسل

والعرض الجزء الأول من المسرحية ويتحدث الممثلون الأساسيون والثانويون عن الخطوط العريضة للموضوع ويحددون الزمان والمكان، ويوفرون المعلومات الأولية عن الأحداث، وظروفها

- **التأزم (الموقف)**:عندما تتشابك الأحداث، وتتصادم الأرادات وتنكشف الصراعات يكون التأزم، والموقف هو قمة العمل المسرحي في المسرحية يأتي بعد التأزم والبعض يطلق عليه العقدة, والموقف مفصل درامي تتوضح عنده التطورات في العمل المسرحي وبالتالي يتحدد اتجاهها في المسرحية.

لأنه الجزء الذي تصطدم عنده (الإرادات) فتكشف عن هويتها وما هي مصممة على فعله، ويحدد وجهة المسرحية نحو الخاتمة.

ويتخذ الموقف شكل الاعتراف أو التصميم أو القرار أو الفعل القهري.

- **الحل:** الجزء الذي تنتهي به المسرحية وهو يوقفنا على مصير شخصيات المسرحية وتنكشف مصائر الصراعات ومصائر المواقف عامة ,والحلول تأتي مفجعة وتأتي سعيدة والحلول الجيدة هي الحلول المنصفة للأطراف وتنبع من الموضوع نفسه دون تدخّل أي طارئ والحلول الجيدة هي الحلول المترتبة على الجهود.

الصادقة لإنصاف الموقف وتفنيد الأحداث بحيث يجعل الانغلاق الذي يعرضه الحل على المسرحية وأشخاصها معقولاً.

الحديث الفردي (الحوار المسرحي).

تعريفه:وسيلة التخاطب والتفاهم وهو أهم مقوم للعمل المسرحي.

فوائد الحوار:

- عرض الموضوع المسرحي وتطوره.

- الكشف عن سرائر الشخصيات.

- جذب انتباه الجمهور إلى فنية المسرحية.

شروط الحوار:

- البساطة.

- الحيوية (بحيث يكون طبيعيا واقعيا من الحياة)

- بعيد عن التكلف والتصنع.

وظائف الحوار:

- تطوير العمل المسرحي (للسير بالأحداث وتسلسلها وتدريجها).

- تطوير تصوير الشخصيات.

- الكشف عن العقد النفسية عندهم.

- انبعاث مناخ خاص للمسرحية.

عناصر التحليل للمسرحية (التحليل الأدبي)

١-   الموضوع.

- هو مجمل الأحداث في المسرحية وهو الذي يوحي بالعبرة فيها وهو قصة المسرحية ومدار مغزاها.

- الحبكة هي الإطار التنظيمي لمسرودية المسرحية وتنظيم الصراعات وهي التي تقتضي بالضرورة مراعاة (الوحدة) في مضمون العمل المسرحي.

- المغزى من الموضوع ضرورة أن يكون معقولاً مقبولاً.

- الاهتمام بالوحدات الثلاثة في الموضوع(وحدة الموضوع،الزمان، المكان)

٢- الشخصيات.

- الشخصية الصورة المنظمة لسلوك الفرد وهي ذاتية موضوعية.

- في مجال التحليل الأدبي تحدد نوع الشخصية (وصفاتها الجسمية والعقلية والخلقية).

- تحديد سمات الشخصية (الطباع) فتحدد المميزات الحركية العقلية المزاجية الاجتماعية، التعبير عن الذات.

- نوع الشخصية شريرة أم منحرفة أم غير ذلك.

- شروط الشخصية (الوحدة) هل هي ثابتة لم تبدل أم إنها تعاني من ترددها بيان (الصراع) ونوعه في الشخصية, والصراع هام جداً يشترط فيه أن يكون نابعاً من الأحداث، متطوراً مع الحل، معقولاً.

٣- الصراع المسرحي.

- الصراع حاله وجدانية من (التوتر) وتضارب العواطف مع ظرف ما.

- دراسة الصراع تعني دراسة العاطفة الداخلية والخارجية.

- تنشأ العاطفة من الاستجابات والتجارب والجدلية بين الأطراف.

- الصراع بين العواطف صراع فطري طبيعي. ويأتي من التضاد والجدلية.

- منطق العاطفة هو منطق المصلحة (حب الذات) لأن العاطفة تصطدم بالعقل.

- بيان منابع الصراع وهي إمّا الحوافز المتضاربة أو العيوب الشخصية أو عوامل محيطة من عادات وتقاليد وقوانين أو ظروف قاهرة (كوارث).

- يقابل الصراع , ضبط النفس وقوة الإرادة.

- نوع الصراع داخلي أم خارجي بين النفس والضمير أم بين شخصين.

أنواع الصراع :-

- الصراع الساكن (أي الحركة بطيئة والشخصيات مسؤولة عن سكون الصراع)

- الصراع الواثب (الذي يتدرج صعوداً بسهولة وهدوء)

- الصراع الصاعد (التدرج في المسرحية لجميع مقوماتها)

- الصراع المرتقب (الصراع الذي يشعر المشاهد بحل مرتقب)

٤- الحوار مع بيان فوائده وشروطه ووظائفه التي حققها في النص.

٥- اللغة التي تم استخدامها في المسرحية.

٦- التركيز على العناصر الأساسية في المسرح وهي (الحوار، والصراع، والحركة).

وإذا كان لنا أن نوجز عمل الكاتب المسرحي في عبارة بسيطة فإنه قد يكون اختيار الفكرة الأساسية لموضوع مسرحيته، ثم اكتشاف الحدث الأساسي الذي سيجمع الشخصيات والمواقف المختلفة وتتابع وقائع الحوادث التفصيلية ليصل من خلال الصراع والحركة إلى الذروة الدرامية التي تمثل نهاية حتمية لتطور الحدث الأساسي وبهذا يكون البناء الدرامي الذي يستعمل فيه الحوار الحي النابض كأداة للتعبير والتصوير في المسرحية.

أنواع المسرحيات:

١- المأساة والملهاة.

عرف اليونانيون القدماء نوعين من المسرحيات هما:

- **التراجيديا**(المأساة) ,الكوميديا(الملهاة) وقد اختفت التراجيديا كفن له صورة فنية محددة بانتهاء العصر الكلاسيكي في القرن السابع عشر ,وحلت (الدراما الحديثة) التي تعني المسرحيات الجادة التي لا تعتمد على الإضحاك ولا تستهدفه, والتي تستمد موضوعاتها وشخصياتها من واقع المجتمع ومن حياة الطبقات العادية لا من حياة الآلهة والملوك والنبلاء والأبطال كما كانت تفعل التراجيديا.

- أمّا الكوميديا (الملهاة) فما زالت تعنى بالمسرحيّة الفكاهية الهاشة والباشة النابضة بالحياة.

- الملهاة: هي تصور المقالب الإنسانية التي تثير الضحك وموضوعاتها مستمدة من الواقع والمجتمع , وتهتم بالأحداث مع التركيز على الطباع والأخلاق **وتقسم إلى:-**

- ملهاة الحادثة: فيها الأحداث باعثة على الضحك.

- ملهاة الطِباع: وتستهدف تصوير المثالب الشخصية.

- ملهاة العادات: وهي تصور العادات والتقاليد.

٢-الميلودراما والهزلية.

في الوقت الذي تتميز فيه (المأساة الرفيعة)بسمات تجعلها صورة فنية شديدة العمق من صور التعبير,تحرك المشاعر في سويداء القلوب فإن (الميلودراما) تتميز بالابتعاد عن روح المأساة الحقيقية, وبإهمال رسم الشخصيات, مع الاهتمام بإثارة العواطف لمجرد التأثير في المتفرجين.

وفي الوقت الذي تتميز فيه (الملهاة الراقية) بأنها صورة شديدة النبض بماء الحياة, تتغلغل في مشاعر المشاهد , وتستقر في أغوار قلبه , وترسم فيها الشخصيات بعناية ,كما تستهدف نقداً اجتماعياً أو أخلاقيا بناءً.

فان (الهزلية) تتميز بأنها تمثيلية محشوة بالفكاهة الهابطة والتهريج والسطحيّة بحيث تستهدف الإضحاك بأي وسيلة من الوسائل.

٣- المسرحية الملحميّة.

وهي من الأنواع الحديثة وهذا النوع أرسى دعائمه الكاتب الألماني (برتولد بريخت) باسم (المسرحية الملحمية) التي يقدم فيها المؤلف للجمهور مشاهد تعتبر بمثابة حيثيات لحكم يريد أن يتصوره من هذا الجمهور في قضية من القضايا.

وهذه الأنواع المسرحية نجدها اليوم عندنا على اختلاف أنواعها ويمكن أن نعتبر العديد من المسرحيات العاطفية والبطولية (التاريخية)عند احمد شوقي وعزيز اباظه وعدنان مردم بك وغيرهم مسرحيات مأساوية.

ناهيك بأن(نجيب الريحاني) يحدثنا في مذكراته عن (الأوبريت)أي المسرحية التي يغني بعض حواراتها ,وأيضاً عن (الأوبرا كوميك) أي التمثيلية الغنائية الهزلية.

نموذج:(لمسرحية ملخصة)

الخليفة العادل.

المشهد الأول:

" الخليفة عمر بن الخطاب رضي اللـه عنه.. في بيت الخلافة ينظر في شؤون الرعية وفي مجلسه عدد من الصحابة بينهم أنس بن مالك , وإذا برجل يدخل على عجل ويقترب من عمر- رضي اللـه عنه - حتى يفطن لوجوده "

عمر(ينظر إلى الرجل مستغرباً).

- ما بالك يا عبد اللـه ؟!

الرجل (يرتعد): حاجة... حاجة أتت بي إليك يا أمير المؤمنين.

عمر:- هدئ من روعك , واجلس مطمئناً.

الرجل:-شكراً يا أمير المؤمنين.

عمر:- من أين قدومك أيها الرجل ؟

الرجل: من مصر يا أمير المؤمنين ..... إن لي حاجةً ... حاجة أتت بي إليك ... أين يفر الظالم من غضب اللـه.

عمر: (وقد رق للرجل).. أراك ترتجف ,يا رجل , وكأنك يائس من إنصافك.

الرجل: معاذ اللـه يا أمير المؤمنين , فما قطعت المسافات الطويلة إلا والأمل يحدوني في نيل الحق وقضاء الحاجة ولكنه الظلم.

(يبدو وكأنه سينفجر بالبكاء).

عمر: سننظر في حاجتك يا رجل , وسنرى إن كنت مظلوماً , إن دعوة المظلوم ليس بينها وبين الـلـه حجاب , أين يذهب عمر من رب السماوات والأرض ,إن لم يقض لك بالحق ,ويأخذ لك ممن تزعم أنه ظلمك واجترأ على الـلـه.

الرجل: إنني مظلوم يا أمير المؤمنين , وهذا مقام العائذ بك, أنصفني ممن ظلمني!

عمر: إذن اسمعني قصتك يا عبد الـلـه !

انس: اذكر قصتك يا رجل فأنت بين يدي أمير المؤمنين.

الرجل: يا أمير المؤمنين , أجرى عمرو بن العاص الخيل بمصر ,فأقبلت إلي , فلما نظرها الناس أول الخيل , قام محمد بن عمرو بن العاص فلما دنا مني عرفته فقلت , فرسي ورب الكعبة فازت ,فقام يضربني بسوط ويقول: خذْها وأنا ابن الأكرمين.

عمر: أهكذا يجترئ عليك بسلطة أبيه , ولِمَ لمْ تتظلم للوالي؟

الرجل: خشيت ألا ينصفني من ابنه, فعزمت على رفع ظُلامتي إليك يا أمير المؤمنين.

عمر: ويح عمرو.. هل درى بما جرى في السباق ؟فإنه إن فعل فقد ابتدع بدعة الحكم لا تتحكم فيه إلا أفسدته وقوضتهُ , أو تظّنه علم بذلك ؟

الرجل: لا أظن الوالي علم بالأمر يا أمير المؤمنين.

عمر: اطمئن بالاً يا رجل , فسننظر في الأمر ولن يخذلك أمير المؤمنين.

(نظر عمر إلى الكاتب)

اكتب الساعة لعمرو: إذا جاءك كتابي هذا فأقبل ومعك ابنك محمد لا يتخلف لداع أبدا.

(ينظر إلى الرجل)

عمر: أمّا أنت فأقم حتى يقدم الوالي ,فالقويُ عندي ضعيف حتى آخذ الحق منه و الضعيف عندي قوي حتى آخذ الحق له.

(يخرج الرجل بصحبه من يعتني به في مقامه)

أنس: لقد أدارت أوهام الرياسة رأس أبن عمرو بن العاص!!

المشهد الثاني:-

"عمر بن الخطاب في مجلسه السابق , وعمرو بن العاص وابنه محمد يدخلان"

عمرو: السلام على أمير المؤمنين.

عمر) متجهماً:وعليكم السلام ورحمة الـلـه..... ما الذي فعلته يا عمرو أهكذا تساس الرعية ؟

(إلى أحد رجاله)

عمر: ابعث في طلب المصري.

(يوجه حديثه إلى عمرو): أصحيح أن أبنك محمداً ضرب المصري بالسوط في سباق الخيل ؟!

هل ضربته يا محمد ؟

عمرو: لقد فعلها يا أمير المؤمنين.

عمر: ولم لم تنصف هذا الرجل حين بلغك ما جرى

عمرو: لم يبلغني إلا حين بعثت في طلبي , لقد كتم الناس عني الخبر,وخشي محمد عاقبة فعلته.

عمر: إن هذا ليس بعذر يا ابن العاص, فسلطانك جرأ ابنك على ما فعل !

محمد: عفوك يا أمير المؤمنين...اعترف بذنبي وأفعل بي ما تشاء

(يدخل أحد الرجال معلنا وصول المصري)

الرجل: السلام عليكم يا أمير المؤمنين.

عمر: وعليكم السلام ورحمة الـله ,اجلس إلى جوار ابن الأكرمين

(يجلس الرجل)

عمر: يا رجل لقد عرفنا إنك مظلوم حقاً... دونك السوط فاضرب ابن الأكرمين.

الرجل (متردداً): أأضربه بالسوط... هل آخذ كما أشاء؟

عمر (يجزم): قلت لك اضربه كما ضربك... فأنت مثله وإن كان ابن الوالي

(الرجل يهوي عليه بعنف) ... خذها يا ابن الأكرمين.

انس: لقد أسرف في ضربة يا أمير المؤمنين.

عمر: إنه يستحق جزاء فعلته, فليضربه كما ضربه... أعباد الـله لعبة في يديه لأنه ابن الوالي.

الرجل: (وقد توقف عن ضرب محمد) شكراً لك يا أمير المؤمنين فلقد اكتفيت

عمر: الآن أيها الرجل المظلوم , اضرب عمراً فوالله ما ضربك ابنه إلا بفعل سلطانه.

الرجل: عفواً يا أمير المؤمنين ,لا آخذ الحق إلا ممن ضربني بغير حق ,لقد استوفيت واستغنيت.

عمر: لك ما شئت يا رجل , أما و الـلـه لو ضربته ما حُلنا بينك وبينه حتى تكون أنت الذي تدع، فمن يظلم لا يستحق منا إلا العقاب , أو يظن ابن عمر أن عباد الـلـه عبيداً له ولأبيه ,حتى تكاد تيأس من العدل في الأرض ,

عمرو: يا أمير المؤمنين , نقر بذنوبنا ونعترف بما اقترفنا, وسأعمل على إشاعة العدل والمساواة ما استطعت.

عمر: أيا عمرو, متى استعبدتم الناس وقد ولدتهم أمهاتهم أحرارا "عمرو: فليسامحني الـلـه , وسأتعهد ولدي بالنصيحة والموعظة الحسنة ,حتى تصلح حاله ويلين قلبه للناس جميعاً

عمر: (إلى الرجل) انصرف راشداً أيها الرجل ,فان نالك ما يسوء فاكتب لي دون إبطاء.

عمرو: لن يناله سوء بإذن الـلـه يا أمير المؤمنين ,سيكون موضع مودتي وبري ورعايتي.

ستار.

تحليل المسرحية:

١-   الفكرة والموضوع.

تدور المسرحية حول إنصاف رجل مصري ظلم من قبل أحد الولاة في مصر.

٢-الأفكار الفرعية تتفرع حول:

- قدوم الرجل إلى عمر بن الخطاب والشكوى له.

- دعوة عمر لعمرو بن العاص للحضور إلى مقر الخلافة.

- معاقبة ابن عمرو بن العاص بعد اقراره بذنبه.

- إنصاف المصري وعودته إلى بلده.

٣- الحبكة أو الإطار التنظيمي للمسرحية كان مترابطاً ومتسلسلاً حيث ظهرت وحدة الموضوع من البداية إلى النهاية.

٤- ظهر الاهتمام بالوحدات الثلاثة.

- وحدة الموضوع،تسلسل الأفكار وترابطها.

- وحدة المكان،بيت الخلافة.

- وحدة الزمان، زمن الخلافة الراشدة عهد عمر بن الخطاب.

٥- الشخصيات.

ظهرت الشخصيات الثابتة وهي:

أ- شخصيته عمر بن الخطاب الحازمة المنصفة.

ب- شخصية المصري الخائف والمظلوم.

ج- شخصية أنس وتعتبر شخصيته ثانوية في المسرحية.

د- شخصية عمرو بن العاص الذي لم يحسن تربية ولده.

هـ- شخصية محمد بن عمرو المتعجرف الظالم , وهي شخصية متحولة حين تغير موقفها من الظالم إلى المعترف بالذنب إلى المعاقب.

٦-الصراع:

تتدرج بتواتر, وظهر عند الرجل الذي يحمل عاطفة الخوف والألم ويحمل في نفسه مرارة الظلم ويعاني من الصراع الداخلي (التردد) فيكشفه عنه عمر بن الخطاب حين أشعره بالأمن والأمان وأن العدل لا بد أن تكون له طريق فأظهر الصراع الخارجي بين شخصين الظالم (ابن عمرو) والمظلوم المصري وطلب الأنصاف.

ومقابل الصراع نجد ضبط النفس فبعد أن أخذ حقه وزاد في ضرب ابن عمرو, رفض ضرب الوالي لأنه صادق العاطفة والإحساس فهو لم يضرب إلا من ضربه بغير حق.

ويعتبر الصراع من نوع الصراع الصاعد المتدرج مع أحداث المشاهد في المسرحية.

٧- اللغة،استخدمت لغة سهلة بسيطة مفهومة قريبة من القلب والعقل اللغة العربية الفصيحة.

٨- الحوار:

- لقد تطور الحوار بحسب الأحداث الواردة في المسرحية تطوراً منطقياً ومعقولاً.

- لزم الحوار البساطة وعدم التكّلف والتصنع وكان واقعياً.

- صور الحوار نفسيات الشخصيات الواردة في المسرحية وكشف عن العقد النفسية عند ابن عمرو بن العاص (الغرور والتعالي) وكشف عن خوف الرجل من تردده من عدم إنصافه وكشف عن سهو وعدم متابعة الوالي لابنه , كما كشفت إخفاء الناس حقيقة ما حصل عن الوالي , مما أحرجه أمام الخليفة.

- ارتقى الحوار إلى صفة التفاهم دون الجدل والاقتناع دون الأمر بالسلطة.

- برزت ذروة المسرحية بعد عرض المشكلة في المشهد الأول, ووصول التأزم في الوسط عندما أدرك عمر مظلمة الرجل وجاء الحل بعد استدعاء عمرو بن العاص وابنه والاقتصاص منهما.

- اظهر الحوار والصراع الحركة الذهنية من خلال المشاهد المتلاحقة فكأن المسرحية نقلت بحركاتها المتناسقة المشاهد إلى أحداث حقيقية من أزمنة غابرة.

٩ -**الأسلوب** الذي ظهر في هذه المسرحية التي تحمل نوع (التراجيديا) إنها قامت على الحوار مع وصف المكان والزمان وأظهرت الانفعالات النفسية في الشخصيات وهذا يتطلب جهداً كبيراً من الكاتب في الحوار الذي يبحث في ملامح الشخصيات وأفكارها ومواقفها التي سارت بشكل متنام مع الحدث حتى تأزم ثم تكشفت الحلول في الخاتمة.

ملاحظات أخيرة حول أسلوب الكاتب.

- احسن الكاتب اختيار الفكرة الأساسية لموضوع مسرحيتهُ.

- حدد الكاتب الحدث الذي جمع الشخصيات والمواقف المختلفة حوله.

- أحسن ترتيب الوقائع والأحداث بشكل مفصل ومرتبط بالفكرة العامة

- وصل من خلال الصراع والحركة وحسن الحوار إلى الذروة الدرامية.

- بين النهاية الحتمية لتطور الحدث الأساسي.

- استكمل أسس البناء الدرامي الذي استعمل فيه الحوار الحي النابض بالتعبير والتصوير.

- مناخ المسرحية العام الإنصاف والعدل.

أسئلة عامة

١-أكتب تعريفاً خاصاً بك حول مفهوم المسرحية؟

٢-المسرحية قصة كتبت لكي تمثل على المسرح، اذكر العوامل المشتركة والفروق بينهما؟

٣-حدد مقومات نجاح المسرحيّة؟

٤-في اعتقادك ما هو أهم شيء في المسرحية ؟ ولماذا ؟

٥- اختر مسرحية وقم بتحليلها في ضوء ما قرأت؟

٦- فرق بين التراجيديا والميلودراما في المسرحية؟

٧- ما المقصود بالمسرحية الملحميّة؟

الوحدة العاشرة

السيرة الفنية

تعريفها

نشأتها

اتجاهاتها

دعائم فن السيرة

العناصر الفنية للسيرة

أنواع السيرة الفنية

نماذج من السيرة

تحليل سيرة (طه حسين)(الأيام)

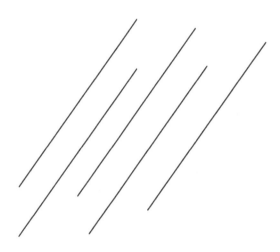

فـن الـسـيـــرة

السيرة في اللغة:

الطريقة, يقال سار بهم سيرة حسنة.

السيرة في الاصطلاح:

هي مجموعة من الأخبار المأثورة أو المشاهدات التي يكمل بعضها بعضاً لتوضح نمو الشخصية التي تتحدث عنها, والتغير الذي يحصل لها على مرور الزمن بأسلوب فني يظهر فيه كمال الشكل والمحتوى وتتمشى فيه حركة النمو والتطور في البناء.

يقال أنْ السيرة هي تصوير حياة شخص متميز تميزاً مستمداً من الأحداث الدائرة حوله, أو من طبيعة سلوكه الخلقي والنفسي بلغة أدبية وعرضها بصدق تاريخي , ولا بد من الحفاظ على وحدة الموضوع ,حيث لا يسمح الكاتب لحياة الآخرين بأن تسيطر على بطل السيرة, وبمعنى آخر فإن بطل السيرة يظل المحور الذي تدور حوله الأحداث, وتلتقي عنده الشخصيات الأخرى.

والجانب الآخر من التعريف يتناول الأسلوب , فأسلوب السيرة يجمع بين التاريخ والنقد والقصة, ولغته سهلة تصويرية تنبعث منها حرارة التعبير , والسيرة والتراجم قديمتان في التراث العربي , ابتداء من سيرة الرسول (ص), فقد ذاعت شهرة سيرة ابن هشام وقبله سيرة ابن شهاب الزهري, وكذلك راجت كتب الطبقات والتراجم ,إلا أنّ مفهوم السيرة قديماً يختلف عنه حديثاً فالسيرة كانت جزءاً من التاريخ ونشأت وترعرعت في أحضانه , وكانت تهدف إلى ما يهدف إليه التاريخ من الاعتبار,ولذلك سيرة الرسول (ص)التي كتبها

موسى بن عقبة الزهري جاءت معنعنة مسنده كرواية التاريخ آنذاك والأحاديث وأسلوبها متقطع غير مسترسل بسبب الروايات والإسناد.

فهذه السيرة وأشباهها لا تعتبر من السيرة الفنية الأدبية المرادة بالبحث لأنها كانت تدور حول موضوع واحد, وجاءت الروايات متفرقة غير مسترسلة وهدفها ليس الامتاع.

أمّا كتب التراجم والطبقات على نحوما نشاهد في تاريخ بغداد للخطيب البغدادي, وتاريخ دمشق لأبن عساكر, فهي أيضاً ليست من السير الفنية ويمكن القول أن السيرة التاريخية كانت تمثل أقوى نوع من السير عند المسلمين , أمّا السيرة ذات الطابع الأدبي (الفنية القائمة على التأليف بين الواقع التاريخي والحياة الفردية, والجمال الفني دون التنازل من أحدهما أو طغيانه عليها فطغيان الجانب التاريخي أو زيادة العناية بتصوير الحياة العامّة يعني الخروج من دائرة الفن إلى التاريخ , وطغيان الجانب الفني يعني الخروج من دائرة السيرة , والدخول في دائرة القصة [1]. ذلك وضع السيرة العربية قبل عصر النهضة.

تأثرت السيرة في ظل النهضة الحديثة بالدراسات النقدية للنصوص والنظريات النفسية , وأصبح أثرها أقرب إلى المظهر العلمي منه إلى المظهر الأدبي على أنه يمكن

تمييز ثلاثة اتجاهات في كتابة السيرة.

١- الاتجاه الأكاديمي: وتبنى فيه السيرة على التحليل والمقارنة لأخذ احسن الروايات , ولهذا فان بناءها وتكوينها ضعيف,لكثرة الروايات

---

[1] محمود أبو عجمية, اللغة العربية نظامها وآدابها ,ص ١٥٦.

٢-	**الاتجاه التقليدي:** وأصحاب هذا الاتجاه لا يؤمنون بالدراسة النقدية قدر أيمانهم بما قاله القدماء, ولهذا فالسيرة على هذا الاتجاه , تقليدية لا جديد فيها , وتعتمد الأسلوب الإنشائي المفكك والحماسة المفتعلة.

٣-	**الاتجاه الأدبي الفني:** ويعتني هذا الاتجاه بالفرد وإنسانيته على أساس من الصدق, التاريخي في تطور حياته وشخصيته وتكاملها وهذا هو الاتجاه المعتبر.

أنواع السيرة الفنية

تنقسم السيرة من حيث الكاتب إلى نوعين:

- السيرة الذاتية.

- السيرة الغيرية (العّامة).

وتنقسم من حيث الأسلوب إلى ثلاثة أنواع:-

- السيرة التاريخية

- السيرة القصصية.

- السيرة الساخرة.

أمّا السيرة الذاتية: فهي التي يكتبها الأديب نفسه , ومن أقدمها في العصر الحديث, كتاب احمد فارس الشدياق " الساق على الساق فيما هو الفارياق " وقد نهج أسلوب المقامات الساخرة , أما أفضل هذه السير الذاتية وأرقاها فهو كتاب "الأيام" لطه حسين وقد تأثر به احمد أمين في سيرته "حياتي", وأحدث السير الذاتية مهنتي كملك" لجلالة الملك الحسين المعظم"

وتقسم السيرة الذاتية بحسب كيانها ,وغايتها إلى الأصناف التالية:

- **الصنف الإخباري المحض**: وهي السيرة التي تتضمن أخباراً ومشاهدات ومذكرات كتبها صاحبها,مثل " مياومات" القاضي الفاضل , ورحله ابن جبير ,سيرة ابن سينا.

- ما يكتب للتفسير والتعليل والتبرير, والهدف منها أن يدافع الكاتب عن نفسه أمام التاريخ ,ويبرر سلوكه وتصرفاته, ويوضح الظروف التي كانت تكتنفه ومثال ذلك , سيرة ابن خلدون, ومذكرات الأمير عبد الـلـه آخر ملوك الطوائف في غرناطه.

- ما يصور الصراع الروحي , وتمثله سيرة ابن الهيثم , و المنقذ من الضلال للغزالي.

- ما يحكى قصة المغامرات في الحياة , وما فيها من تجارب كما جاء في كتاب الاعتبار لأسامة بن المنقذ.

أما السيرة الغيرية (العامّة): فهي تلك السيرة التي يكتبها الأديب عن غيره ومن أفضلها ما كتبه ميخائيل نعيمه عن "جبران" والسيرة النبوية لأبن هشام , وأخي إبراهيم طوقان لفدوى طوقان.

ومن افضل المحاولات ذات الطابع الأدبي في السيرة الغيريةالحديثة.

- حياة الرافعي, لمحمد سعيد العريان الذي اعتمد على صلته الشخصية به ومداولته ومصاحبته , ولم ترسم "حياة الرافعي" صورة متكاملة له ولكنها استطاعت تقريبه إلى قرّآئه, وامتازت بقدر كبير من الصدق والصراحة في المواطن التي يلزم فيها التعليق والنقد.

- جبران خليل جبران, لميخائيل نعيمه , فقد اعتمد على صداقته له وصلته الشخصية به , وعلى الصراحة في التصوير والتعبير, وأعاد جبران إلى دنيا الواقع بعد أن كاد يكون من الأساطير, ونظر بعين الناقد الساخر إلى كثير من متناقضاته ,كل أولئك في بناء فني جميل.

- عبقريات العقاد (عبقرية محمد , عبقرية الصديق,عبقرية عمر, معاوية في الميزان , سعد زغلول). فقد ظهرت صعوبة الترجمة لأصحاب العبقريات لأنهم من العباقرة وليس من عامة الناس , وفي عدم توفر الشواهد الدقيقة المتفق عليها من هؤلاء , فالعبقريات (ليست سيرة على الطريقة العربية وليست ترجمة على طريقة التراجم في اللغات الأوروبية , إنما هي صورة تتألف من بضعة خطوط سريعة حاسمة يبرز من خلالها إنسان).

دعائم فن السيرة:

١-   الحقيقة التاريخية , والصدق الواقعي.

٢-   تصوير الحياة الخاصة لبطل السيرة , وما يعتريه من عوارض كالصحة والمرض والقوة والضعف.

٣-   وحدة البناء وتطور الشخصية , وقوة الصراع وجمال الأسلوب.

العناصر الفنية للسيرة:

- **وحدة البناء**: تبنى السيرة على وحدة الشخصية, وفي حياة بطل أي سيرة آلاف الحوادث والمواقف والشخصيات , ويطلب من كاتب السيرة أن يضع من كل ذلك سيرة أدبيّة محكمة ذات بناء فني واضح يستطيع خلاله أن

يطلعنا على التاريخ الحقيقي لحياة بطل السيرة النفسية والخلقية والفكرية والسلوكية, وما نستدل منه على شخصية هذا البطل ومكوناتها الموروثة والمكتسبة, في تكامل جميع أطوار نموه وتغيره , وفي وحدة تتوافر لافي التنظيم والتركيب فحسب, بل تتوافر في الروح العامّة , والمزاج السائد وفي التغير والتدرج من موقف إلى موقف مع التزام الحقيقة التاريخية في كل ما ينقله من أحداث ماضية.

- **بطل السيرة شخصية نامية:** أهم ما يلحظه الكاتب في السيرة النمو والتطور والتغير في الشخصية , مع مراحل التقدم في السن , ولذلك كان من المحتوم عليه أن يتتبع التدرج التاريخي, وأن يلحظ بدقة تأثير الأحداث من الخارج والداخل على نفسية صاحبها , فليس أبو حيان التوحيدي الذي كان يطوف البلاد على قدميه في زي صوفي, هو نفس أبي حيان الذي كان يطوف بين مجالس الفلسفة ببغداد , وهناك فرق واسع بين المعتمد بن عباد في اشبيلية , والمعتمد في أغمات, ومن واجب الكاتب أن ينمي عند القارئ مقدار الشعور بهذا الفرق في طريقة إيحائية لبقة بارعة [(١)].

- **الصراع في السيرة:** القيمة الحقيقية للسيرة إنما هي في الصراع , وفي مدى القوة التي تمنحها القرآء , وهي تقدّم لهم مثالاً حياً من أنفسهم فتغرس الثقة في النفس الإنسانية وتوحي بأن دور كل منا يجب ألا يمر يائساً خاملاً على الرغم من النهاية المحتومة فجوهر الحياة هو الصراع ,صراع الإنسان مع الطبيعة , وصراعه مع الناس الآخرين,وصراعه مع نفسه،والكشف من خلاله عن دخيلة نفس بطل سيرته ,واثر الأحداث الخارجية في حياته النفسية والشعورية والفكرية , وما يحدث لشخصيته من نمو وتحول وتغير على مر الأيام وتعاقب الأحداث , وحظ السيرة من البقاء يرجع إلى مدى ما تنقله لنا

---

(١) إحسان عباس ,فن السيرة ,ص,٨٣.

من إحساس كاتبها بالصراع , الذي يثير في نفوسنا ألواناً من المشاعر تحفزنا على مشاركة بطل سيرته في تجاربه وخبراته وعلى تعاطفنا مع مواقفه وأفعاله[١].

- **الأسلوب:** وهو عنصر من أهم عناصر السيرة الفنية , ويشمل طريقة الكاتب في بناء السيرة وطريقته في التعبير وبناء العبارة , ويتمايز كتاب السيرة بطريقة البناء, وقد يختار أحدهم الطريقة الدرامية , وقد يختار أحدهم الطريقة السردية, وربما وجد من الأنسب أن يستعمل طريقة التفسير والشرح, وذلك جانب اهتم به ميخائيل نعيمة في سيرة جبران , وقد يستخدم الكاتب أسلوب الحوار, وقد يمزج بين واحدة وأخرى من هذه الطرق , بحسب ما تمليه عليه طبيعة الموضوع , إذ ليس من مرشد إلى الطريقة المثلى إلى حسن الكاتب نفسه [٢].

ومن أبرز سمات السيرة الذاتية الحديثة في الأدب العربي, وجود علاقة قوية بين الأسلوب اللغوي وبين شخصية صاحبه , إذ أن هناك اتفاقاً بين الأسلوب وبين الشخصية يجعل الأسلوب يدل على ملامح الشخصية الروحية والفكرية للكاتب , فالاستعمالات اللغوية التي يتميز بها الكاتب تمثل ملامح شخصيته تمثيلاً صادقاً[٣].

فالشيخ محمد عبده في أسلوبه السهولة والبساطة وقوة الألفاظ وتماسك الفقرات والاحتفال بالمناظرة والاستدلال , والاحتفال بالثقافات والفلسفات وكلها تشير إلى خصائص شخصيته الفكرية.

والعقاد كان في أسلوبه يتسم بالجدل المنطقي والحجاج العقلي , والتحليل الدقيق لما هو بصدده من فكرة , كما يتسم باختياره الألفاظ

---

(١) محمود أبو عجيبة , اللغة العربية نظامها وآدابها ,ص١٥٨.
(٢) احسان عباس, فن السيرة, ص ٩٣.
(٣) يحيي إبراهيم عبد الدايم, الترجمة الذاتية ,ص ١٥٣.

المتشامخة ذات الجرس والطنين التي تظهر تعمقه أسرار اللغة , وتفوقه على خصومه ومناظريه ,

وكل هذا كانت ملامح شخصية العقاد الفكرية وقد دل أسلوبه عليها بجلاء.

أمّا طه حسين , فان ما في أسلوبه من التكرار والترادف والعذوبة ما يمثل شخصيته

الفكرية في أعظم جوانبها , بخاصة أنه كان صاحب دعوات تجديد في مجال الأدب والثقافة ,

وهو في كل ذلك يستعين بالتكرار والإعادة لإقرار ما يدعو إليه من تجديد , سواء في مجتمعه أو

بين صفوف طلابه في الجامعة [٤].

والسيرة الفنية تثير المتعة بقوة العرض في التركيز أو في التحليل الدقيق أو في التراوح

بينهما, وفي تهيئة الجو القصصي , وصف الحركات النفسية حتى تخرج السيرة في بعض الأحيان

قصة ممتعة سهلة لا يكاد يميزها القارئ عن أي قصة محكمة النسيج والتشخيص , إذ تجمع إلى

الصدق عنصر الحيوية وبعث الحركة والحياة والتنوع, وإثارة حب الاستطلاع والتشويق, ويقوم

كل ذلك على عنصر أصيل من عناصر الأدب هو الأسلوب [١].

الفرق بين السيرة الذاتية والسيرة الغيرية العامّة.

- من حيث الهدف فالسيرة الذاتية تهدف إلى تخفيف العبء عن الكاتب بالتنفيس عنه

وتشترك مع الغيرية في إنهما تنقلان التجربة إلى الآخرين.

- من حيث الموضوعية فالسيرة الذاتية تعتمد على العنصر الذاتي فالكاتب يتحدث عن

نفسه وعن تجاربه وربما لا يتجرد من التحيز إلى نفسه أمّا

[٤] يحيى إبراهيم عبد الدايم,الترجمة الذاتية ,ص ١٥٦.
[١] محمود أبو عجمية, اللغة العربية, نظامها وآدابها ,ص,١٦٠.

الغيرية فتعتمد على الموضوعية مع شيء من ذاتية الكاتب في إعجابه ببطل السيرة [1].

- في الشكل والمضمون فالسيرة الذاتية تكتب بصيغة المتكلم وأحيانا بصيغة الغائب أمّا الغيرية فهي ملازمة للغائب.

- في المعالجة , السيرة الذاتية نقل مباشر للمعلومات والتفسيرات من الكاتب نفسه ,أمّا السيرة الغيرية فهي نقل للحوادث والأخبار عن طريق الوثائق والشواهد.

كاتب السيرة

يحتاج الكاتب إلى مهارة خاصة , بالإضافة إلى توفر المعلومات عن بطل السيرة وتميزّه لا بد من وجود صفات للكاتب تتوفر فيه منها:

- اطلاع واسع وإن كان لا يحتاج إلى خيال واسع.

- يقظة ذهنية مستمرة مشفوعة بإرهاف خاص في التمييز والحدس والترجيح.

- فن وذوق كالقصصي والشاعر.

- قدرة نقدية على استنباط المعلومات من مصادر غير مباشرة فإذا كان بطل السيرة شاعراً فقد يستفيد من شعره الشيء الكثير.

- النضج،كاتب السيرة لا يكتب إلا عندما تبلغ تجربته النضج.

---

[1] احسان عباس , فن السيرة.١٦٥.

نموذجان من السيرة الذاتية.

١- نص من كتاب " الأيام " لطه حسين:

" وقد استقر إذن في نفس الصّبي أنه ما زال كما كان قبل رحلته إلى القاهرة قليل الخطر ضئيل الشأن , لا يستحق عناية به ولا سؤالاً عنه. فآذى ذلك غروره , وقد كان غروراً شديداً , وزاده ذلك إمعانا في الصمت وعكوفاً على نفسه ولكنه لم يكد يقضي أياماً بين أهله حتى غيّر رأى الناس فيه, ولفتهم إليه, لا لفت عطف ومودة , ولكن لفت إنكارٍ وإعراض وازورار , فقد احتمل من أهل القرية ما كان يحتمل قديما يوماً ويوما وأياما , ولكنه لم يطق على ذلك صبرا , وإذ هو ينبو على ما كان يألف , وينكر ما كان يعرف, ويتمرد على ما كان يظهر لهم الإذعان والخضوع. كان صادقاً في ذلك أول الأمر, فلما أحس الإنكار والازورار والمقاومة , تكلّف وعاند وغلا في الشذوذ. سمع "سيدنا" يتحدث إلى أمّه ببعض أحاديثه في العلم والدين , وببعض تمجيده لحفظة القرآن حملة كتاب الـلـه. فأنكر عليه حديثه وردّ عليه قوله, ولم يتحرج من أن يقول: هذا كلام فارغ , فغضب " سيدنا" وشتمه , وزعم أنه لم يتعلم في القاهرة إلا سوء الخلق , وأنه أضاع في القاهرة تربيته الصالحة , وغضبت أمه وزجرته , واعتذرت إلى "سيدنا" وقصت الأمر على الشيخ حين عاد , فصلّى المغرب وجلس على العشاء , فهزّ رأسه وضحك ضحكة سريعة في ازدراء للقصة كلها , وشماتة "بسيدنا" فلم يكن يحب "سيدنا" ولا يعطف عليه.

ولو وقف الأمر عند هذا الحد لاستقامت الأمور, ولكن صاحبنا سمع أباه ,يقرأ دلائل الخيرات كما كان يفعل دائماً إذا فرغ من صلاة

الصبح أو من صلاة العصر , فرفع كتفيه, وهزّ رأسه ثم ضحك , ثم قال لأخوته:
إنّ قراءة الدلائل عبث لا غناء فيه.

فأمّا الصغار من اخوته وأخواته ,فلم يفهموا عنه, ولم يلتفتوا إليه , ولكن أخته الكبرى زجرته زجراً عنيفاً, ورفعت بهذا الزجر صوتها, فسمعها الشيخ ولم يقطع قراءته , ولكن مضى فيها حتى أتمّها ,ثم أقبل على الصبي هادئاً باسماً يسأله ماذا كان يقول ؟ فأعاد الصبي قوله, فلما سمعه الشيخ هزّ رأسه, وضحك ضحكة قصيرة وقال لابنه في ازدراء:" ما أنت وذاك , هذا ما تعلمته في الأزهر" فغضب الصبي وقال لأبيه: نعم, وتعلمت في الأزهر أن كثيراً مما تقرؤونه في هذا الكتاب حرام يضرّ ولا ينفع, فما ينبغي أن يتوسل إنسان بالأنبياء ولا بالأولياء, وما ينبغي أن يكون بين اللـه والناس واسطة , وإنما هذا لون من الوثنية".

نلاحظ من الصفات أن طه حسين كان صريحاً إلى حد كبير, وكان واقعياً في تسجيل سيرة حياته , وفي حديثه عن الناس الذين تعامل معهم , أو درس على أيديهم ,فقد كشف علاقاتهم وسلوكهم ,كما بدت لك نزعته العقلانية , تلك التي كان لها أثر كبير في منهجه ,ودراساته وطريقة تفكيره, وحكمه على الآراء والأشياء والأحداث.

وفي هذا المجال يمكن الوقوف مع عيسى الناعوري, فقد جاء كتابه "الشريط الأسود" صورة جادة صريحة لما عاناه هذا الكاتب في مراحل حياته من الحرمان وصنوف الألم من اجل العيش , ولما كان يتعرض له من قسوة أخيه الأكبر, مما أورثه عقداً نفسية شتى , وقد دفعته حياة الحرمان تلك إلى بذل أقصى ما يستطيع لتجنيب أبنائه ما عاناه في حياته.

نص من كتاب "الشريط الأسود" لعيسى الناعوري.

" ولقد تقلبت حقاً في أعمال أخرى فيما بعد , وأحسست بالمذلة والمرارة النفسية طويلا, فبعد أن مضى عليّ بضعة أشهر في عملي هذا , لحق بي أخي الأكبر إلى المدينة بعد أن علم بمكاني. فلما وجد راتبي ضئيلا إلى الحد الذي ذكرت من قبل , لم يرضه ذلك وأصرّ على أن أترك ذلك العمل , وأن أشاركه في عمل آخر, ولم أكن أملك إلاّ الطاعة لإرادة أخي الأكبر, فحملت على صدري صندوقاً مليئاً بزجاجات الكازوزة, ومشدوداً إلى عنقي بحماله , وفوق الزجاجات قطعة ثلج كبيرة لتبريد الكازوزة , وحمل أخي مثل ذلك , ورحنا نتجول في الشوارع طولاً وعرضاً نبيع الشراب البارد للعطاش.

مارسنا هذا العمل ثلاثة أيام , فكان كلّ منّا يمضي بحمله في اتجاه , وعند المساء نلتقي لنسلم آخر الزجاجات الفارغة إلى صاحب المصنع, ثم نمضي لنبيت في أحد الفنادق الرخيصة , أو لدى بعض أصدقاء والدي في إحدى الضواحي البعيدة, وكانت الطريق إلى الضاحية تستغرق كل مرة مسيرة ساعة أو أكثر قليلاً نقطعها مشياً من وسط المدينة.

وأذكر أنّني أنفقت مرة بعض القروش القليلة التي ربحتها من عمل النهار كله على بعض الطعام والحلوى , فلما علم أخي بذلك عاقبني عليه عقاباً قاسياً بلغ حد ضربي بيده وحزامه , وأسمعني كلاماً شديداً لم أملك معه إلا البكاء , لأن لأخي الأكبر حرمة في نفسي.

هذا الحرمان هناك كان سبباً كافياً ليجعلني أنشأ على حب الإنفراد والإنطواء على نفسي, وليس ذلك فحسب , بل جعل الخجل

المفرط عقدة من العقد العسيرة الحل لدي, عانيت منها كثيراًً في المدرسة, وبعد مغادرة المدرسة ,ظللت أعاني منها مدى الحياة لقد كنت أشعر دائماً بأن حظي السيئ يجعلني من أقل الناس حظاً في الحياة , ومن أقلهم استحقاقاً لذاتها ومباهجها , فأراني أتهيب الاتصال بالآخرين ومعاشرتهم وتوطيد صداقات معهم , وإذا جلست مع أحد لم أجد كلاماً أقوله إلاّ أن أردّ على ما يقوله هو , أو أن يكون الحديث بيننا ذا صلة بشيء يتعلق بي , أو ما إلى ذلك , وقد يحسب البعض أنني إنما أفعل ذلك أستنكاراً أو ترفعاً , أو رغبة في التخلص , ولكنني في الواقع إنّما أفعله تهيباً , وخجلاً وانطواء على نفسي بسبب العقد القديمة التي تمكنت من نفسي,فما عدت أملك التغلب عليها. إنّ من أسوأ ما تركه الخجل والإنطواء في نفسي أنني فعلاً لا أعرف كيف أبدأ الحديث مع الاخرين , لا أجد موضوعاً أتحدث فيه, فتراني أصمت طويلاً وأنا أبحث في نفسي عن شيء أقوله, وأشعر بالراحة المنقذة حين يتحدث جليسي ويوجّه إليّ كلاماً أجيب عنه , إنّني أشعر بالعجز فعلاً عن وجود موضوع للحديث مع الآخرين إلاّ حين يرتفع التكليف بينهم وبيني إلى حد بعيد , ويكون بيننا موضوع مشترك نخوض فيه.

حتى في الحب , طالما شعرت بأنّ مثلي لا يملك أن يحب, ولا حقّ له في أن يكون محبوباً , وطالما شعرت بأنّ التي أقع في حبّها قد لا تجد فيّ الإنسان الذي يستحق حبها , فأتجنّب لذلك النساء خشية أن يسئن إلى احساسي المرهف, إنّني أفضّل الموت على احتمال الاساءة أو الإعراض عن امرأة, ويظل أثر ذلك في نفسي طويلاً لا يزول.

إحساس كهذا قد يصبح مع الأيام مرضاً يستعصي على العلاج, ولا سيما متى كانت رواسبه متأصلة منذ الطفولة , فهي عندئذ لا تنزع من النفس قبل أن تنزع منها الحياة.

غير أن حرماني ذاك كانت له عندي بعد ذلك نتائج عكسية.لقد علّمني ألاّ أبخل على نفسي بشيء يمكن أن تصل إليه يدي , وألاّ أحترم المال لذاته فأحتفظ به وأدخره لعثرات الزمان , كما يقولون, وعلّمني كذلك ألاّ أبخل بعدئذ على أولادي ,بعد أن تزوجت واستقرت حياتي نهائياً وأصبح لي أولاد, بشيء مما يمكن أن أوفره لهم.

لقد تعلّمت أن أحتقر المال ما دام هو الصنم الذي يعبده الأغبياء والحكماء على السواء , ويسجد له الطغاة ويتفانى لأجله حتى الأهل والأقرباء,حتى الأباء والأبناء, واحتقار المال معناه ألا أبالي بإنفاقه أولاً فأول, تعويضاً عن الحرمان الذي تعذّبتُ به طفولتي وحداثتي بمرارة وقسوة.

لم يعد ممكناً أن أدخر المال وفي نفسي , أو نفس أحد أبنائي ,رغبة أو حاجة يمكنني تحقيقها بالمال. حتى لو لم يكن لتلك الرغبة أو الحاجة ضرورة ماسة, إنّ الحرمان الذي عرفته طفلاً ويافعاً كان أقسى من أن يسمح لي بأن أجعل أحداً من أبنائي يعرف مثله, مهما كلّفني ذلك. ذلك كان الدرس الذي علّمني إياه الحرمان, وأنا أعلم أنّ الأكثرين يرونني مخطئاً في هذا, ويفضلون أن أدخر المال لمستقبل أبنائي ,لا أن أنفقه على رغبات طفولتهم الطائشة التي لا تدرك ولا تعي.

لهم ما يشاءون من رأي ! أمّا أنا فقد تعلمت أن من حق أبنائي أن يشبعوا ويكتفوا في طفولتهم وحداثتهم,لئلا يمتلئ شبابهم وكهولتهم بالعقد النفسية التي امتلأت بها حياتي "

إن أصحاب هذه السِّير - كما يبدو لك- أدباء لهم باع طويل في عالم الأدب, يختزنون خبرة واسعة ويحسنون العرض والتناول, ولا يقفون عند الظواهر والعلاقات العابرة ,بل يغوصون إلى الأعماق ويفلسفون الأمور. ويمتلكون أساليب أدبية شائقة تشدّ القارئ وتفرض عليه ألاّ يترك الكتاب قبل الانتهاء منه.

نموذج من السيرة الغيريّة.

نص من كتاب (عبقريّة عمر) للعقّاد:

" لا تناقض في خلائق عمر بن الخطاب, ولكن ليس معنى ذلك أنه أيسر فهماً من المتناقضين , بل لعله أعضل فهماً منهم في كثير من الأحيان ,فالعظمة على كل حال ليست بالمطلب اليسير لمن يبتغيه , وليست بالمطلب اليسير لمن ينفذ إلى صميمه ويحتويه.

إنما الأمر الميسور في التعريف بهذا الرجل العظيم أن خلائقه الكبرى كانت بارزة جدا لا يسترها حجاب, فما من قارئ إلا استطاع أن يعلم أن عمر بن الخطاب كان عادلاً , وكان رحيماً,وكان غيوراً , وكان فَطِناً , وكان وثيق الإيمان عظيم الاستعداد للنخوة الدينية.

فالعدل والرحمة والغيرة والفطنة والإيمان الوثيق صفات مكينة فيه لا تخفى على ناظر, ويبقى عليه بعد ذلك أن يعلم كيف تتجه هذه الصفات إلى وجهة واحدة ولا تتشعب في اتجاهها طرائق قددا كما

يتفق في صفات بعض العظماء, بل يبقى عليه بعد ذلك أن يعلم كيف يتمم بعض هذه الصفات بعضا حتى كأنها صفة واحدة متصلة الأجزاء متلاحقة الألوان وأعجب من هذا في التوافق بين صفاته أن الصفة الواحدة تستمد عناصرها من روافد شتى ولا تستمدها من ينبوع واحد ,ثم هي مع ذلك متفقة لا تتناقض ,متساندة لا تتخاذل ,كأنها لا تعرف التعدد والتكاثر في شيء. خذ لذلك مثلا عدله المشهور الذي اتسم به كما لم يتسم قط بفضيلة من فضائله الكبرى... فكم رافدا لهذا الخلق الجميل في نفس ذلك الرجل العظيم روافد شتى:بعضها من وراثة أهله , وبعضها من تكوين شخصه, وبعضها من عِبَر أيامه, وبعضها من تعليم دينه... وكلها بعد ذلك تمضي في اتجاه قويم إلى غاية واحدة لا تنم على افتراق.

لم يكن عمر عادلاً لسبب واحد بل لجملة أسباب:

كان عادلاً لأنه ورث القضاء من قبيلته وآبائه, فهو من أنبه بيوت بني عدي الذين تولوا السفارة والتحكيم في الجاهلية , وروضوا أنفسهم من أجل ذلك جيلا بعد جيل على الإنصاف وفصل الخطاب, وجده نفيل بن عبد العزّى هو الذي قضى لعبد المطلب على حرب بن أمية حين تنافرا إليه وتنافسا على الزعامة ,فهو عادل من عادلين وناشئ في مهد الحكم والموازنة بين الأقوياء.

وكان عادلاً لأنه قوي مستقيم بتكوين طبعه... وإن شئت فقل أيضاً بتكوينه الموروث. إذ كان أبوه الخطاب وجدّه نفيل من أهل الشدة والبأس , وكانت أمه منتمة بنت هشام بن المغيرة قائد قريش في كل نضال, فهو على خليقة الرجل الذي لا يحابي لأنه جُبْن, ومن الجور على الضعيف لأنه عوج يزري بنخوته وشممه.

وكان عادلاً لأن آله من بني عدي قد ذاقوا طعم الظلم من أقربائهم بني عبد شمس, وكانوا أشداء في الحرب يُسمّونهم " لعقة الدم" ولكنهم غُلبوا على أمرهم لقلة عددهم بالقياس إلى عدد أقربائهم,فاستقر فيهم بغض القوي المظلوم للظلم وحبه للعدل الذي مارسوه ودربوا عليه, وساعدت عبر الأيام على تمكين خليقة العدل في خلاصة هذه الأسرة , أو خلاصة هذه القبيلة, ونعني به عمر بن الخطاب.

وكان عادلاً بتعليم الدين الذي استمسك به وهو من أهله بمقدار ما حاربه وهو عدوه, فكان أقوى العادلين كما كان أقوى المتقين والمؤمنين.

وكذلك اجتمعت عناصر الوراثة الشعبية, والقوة الفردية , وعبر الحوادث وعقيدة الدين في صفة العدل التي أوشكت أن تستولي فيه على جميع الصفات.

كان عادلاً لأسباب كأنه عادل لسبب واحد لقلة التناقض فيه, وربما كان تعدد الأسباب هو العاصم الذي حمى هذه الصفة أن تتناقض في آثارهما,لأنه منحها القوة التي تشدها كما يشد الحبل المبرم فلا تتفكك ولا تتوزع , فكان عمر في جميع أحكامه عادلاً على وتيرة واحده لا تفاوت بينها , فلو تفرقت بين يديه مائة قضية في أعوام متباعدات لكنت على ثقة أن تتفق الأحكام كما اتفقت القضايا.. كأنه يطبعها بطابع واحد لا يتغير"

من النموذج السابق تبدو لنا ثقافة العقاد العربية الإسلامية جلية واضحة ,إذ نلمس فيه قوة التعبير, وجزالة الألفاظ, ومتانة السّبك, ووضوح المعنى, واستقصاء جوانب العظمة في الشخصية التي

يُترجم لها , وسوق الأدلة والبراهين , مما جعله كاتباً بصيراً بجوانب الشخصيات عنها , وناقداً كبيراً.

* تحليل سيرة "طه حسين" الأيام:

- الكاتب.

ولد طه حسين في قرية مغاغة بصعيد مصر عام (١٨٨٩), وفقد بصره طفلاً فوجه إلى الكتاب, ثم انتقل مع أخيه إلى الأزهر ,اتصل بأحمد لطفي السيد وساعده على الدخول في الجامعة الأهلية, ومال إلى مناهج المستشرقين في دراسة الأدب العربي, سافر في بعثة إلى فرنسا, فدرس الآداب القديمة والأدب العربي والفلسفة , وحين عاد عين أستاذاً في الجامعة المصرية عام ١٩٢٥ ثم صار عميداً بكلية الآداب ثم مديراً لجامعة الإسكندرية , فوزيراً للمعارف , فرئيساً للجنة الثقافية , توفي عام ١٩٧٣, من مؤلفاته (ذكرى أبي العلاء) و(مع المتنبي) "حديث الأربعاء" "الأيام" (من حديث الشعر والنثر).

"الأيام "

كتب طه حسين "الأيام" ما بين عام(١٩٢٦,١٩٢٩) معبراً عن سخطه على بيئته التي نشأ فيها ,مزهواً بتفوقه عليها , وقد صور في الجزء الأول حياته في القرية حتى سن الثالثة عشر(١٨٨٩-١٩٠٢) وما عاناه من ظلم وحرمان من تلك البيئة الرجعية المتخلفة التي يسودها الجهل والفقر والتي لا تؤمن بالعلم الحديث , الذي أدى جهلها إلى حرمانه من بصره, وقد بالغ في الكشف عن مظاهر الجهل في تلك البيئة فعرض لعديد من الصور والشخصيات التي تمثل هذا الجهل وبخاصة رجال الدين "سيدنا" والعريف.

وصور في الجزء الثاني صباه وصدر شبابه (١٩٠٢-١٩٠٨) وعرض فيه صوراً ونماذج عديدة من شخصيات الطلاب في الربع , ومن شخصيات شيوخه في الأزهر ,الذين كانوا هدفاًَ لسخطه الموجع وسخريته المرة, لتخلفهم وجهلهم وغلطتهم.

وقف طه حسين في الأيام موقفاً عدائياً متحيزاً من معظم شخصياته فلم يتعاطف معها بل تعالى عليها وأظهر تفوقه على أكثرها ولعله لم يعرض لها إلا لهذه الغاية , ولم يسلم أبوه من سخريته وعبثه , ولم يتعاطف مع أخيه الأزهري, وأظهر النقمة على عمه وجده.

كتاب الأيام صورة واعية للصراع بين الإنسان وبيئته , وكاتبه يعمد عمداً إلى تصوير ذلك الصراع, فهو يصف مراحله, ويتدرج بها متعمداً, على أن حياته خير مثل للانتصار على البيئة والوصول في النهاية, ولكن طبيعة الثورة عنده ليست قوية وقلما تمثلت في مواقف إيجابية عدا تلك المواقف السريعة مثل سخريته من أبيه لقراءته دلائل الخيرات وإنكاره على "سيدنا" ما يحدث به والدته من أحاديث الدين ورده على أستاذه ,إن طول اللسان لا يمحو حقاً ولا يثبت باطلاً[1] وطه حسين في عرضه لذكرياته يضفي عليها من ثقافته ونضوجه العقلي والأدبي والنفسي, ويصوغها صياغة قوامها التفسير والتأويل والتحليل ليحقق غرضاً من أغراضه وهو الدعوة إلى التقاء الثقافتين العربية والغربية في بيئته حتى لا يعاني غيره ما عاناه في مراحل تعلمه الأولى.

لقد تعاطف طه حسين مع شخصية الصبي والفتى تعاطفاً يبلغ حد الزهو والتعالي والشموخ, مما حد من تجرده وصدقه وصراحته, ومما قلل من صراحته ما عمد إليه من إغفال لأسماء الشخصيات والأماكن وتحديد التواريخ , فأضعف عنصر الحقيقة وأضعف القيمة التاريخية في الكتابة وأظهر

---

(1) احسان عباس, فن السيرة,٢٤١-١٤٢

أنه لا يستطيع الجهر بأشياء كثيرة, كما أخلّ بأحد شروط السيرة الذاتية حين عمد إلى ضمير الغائب في سرد سيرة حياته ,لأنه أخفى بذلك شخصيته التاريخية وقلل من عنصر الذاتية إذ فصل بينه وبين ذاته, ويظل كتاب الأيام بعد ذلك أكمل تجربة أدبية في الأدب العربي الحديث لمزايا كثيرة منها, الطريقة البارعة في القص, والأسلوب الجميل, والعاطفة الكامنة في ثناياه , واللمسات الفنية في رسم بعض الصور للأشخاص , والقدرة على السخرية اللاذعة في ثوب جاد, وما نلمسه فيه من ترابط بين الأحداث يمنحها وحدة واتساقاً [٢].

[٢] احسان عباس , فن السيرة, ١٤٢.

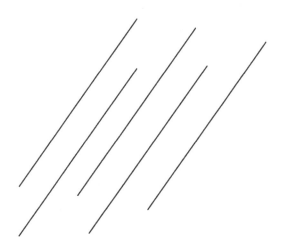

الوحدة الحادية عشرة

فن المناظرة

تعريفها

أهميتها

اتجاهاتها

فوائدها

قواعدها

شروطها

آثارها

خطوات تحليل المناظرة

المناظرات في العهود السابقة

المـنـاظـرة

تعريفها:

حوار بين شخصين أو فريقين يسعى كل منهما إلى إعلاء وجهة نظره حول موضوع معين والدفاع عنها بشتى الوسائل العلمية والمنطقية واستخدام الأدلة والبراهين على تنوعها محاولا تفنيد رأي الطرف الآخر وبيان الحجج الداعية للمحافظة عليها أو عدم قبولها.

أهميتها:

صقل مواهب المتعلم وتعويده إتقان فنون القول والجدل الرامي إلى بلورة الرأي في إطار احترام الرأي الآخر ولو كان مخالفا.

أنواعها:

للمناظرة نوعان هما: الواقعية التي تصور الواقع، والمتخيلة كمثل المناظرة بين السيف والقلم.

اتجاهها:

- تحديد المشكلة والقدرة على صياغتها.

- فرض الفروض (ويفضل أن تكون الفروض واقعية).

- التقسيم والتصنيف لموضوع المناظرة.

- تقديم الأدلة: وهي أهم مادة في عملية المناظرة وهي نوعان:

- نقلي ويتعلق بالاقتباس والاستشهاد من الكتاب والسنة وأقوال العلماء والمفكرين.

- عقلي ويكون من المنطق والحجة. ويلخصه قولهم: إن كنت ناقلا فالصحة وإن كنت مدعيا فالدليل "ويحتاج للأدلة للتحليل والتفسير.

- التعميم: إذ ينبغي التحفظ على بناء التعميم كإطلاق دون قيد أو تعميم دون تخصيص.

ويتجنب كذلك ألفاظ الجزم والقطع في القضايا الخلافية ذات الأبعاد الاجتماعية والثقافية.

- يغلب على المناظرة في إطار ما تعبر عنه من تفاعل حواري وتواصل أمران:

الأول: عمل إيجابي ينصرف إلى بناء الحجة والدليل.

الثاني:عمل سلبي يتعلق بتفنيد حجة آخر ,والأدلة التي يسوقها، والتفاعل بين الأمرين يتطلب مهارة من المتناظرين في توليد الأسئلة وترتيبها وبناء الحجج وصياغتها، ولهذا يتوجب على المتناظر أن يمتلك مهارتين هامتين هما:

مهارة السؤال: لياقةً وصياغةً، ومهارة بناء الحجة: استدلالاً وترتيباً.

والمناظرة هي رسالة اتصالية متكاملة الأركان، لها عناصر يجب توافرها في عملية الحوار هي خمسة عناصر:

١ - المرسل (شخصية المحاور أو المناظر الذي يدير عملية الحوار).

٢-   المستقبل (شخصية الطرف الآخر للمناظرة).

٣-   بيئة الرسالة (توفر الجو الهادئ للتفكير المستقل)

٤-   مضمون الرسالة الإتصالية (معرفة المتناظرين لموضوع المناظرة)

٥-   أسلو ب الحوار (مناهج الاتصال وأدواته والقواعد والهدف من المناظرة).

فوائد المناظرة:

- الوصول إلى وضوح الرؤية حول قضية ما لإيجاد قناعه مشتركة حولها

- استقصاء جوانب الخلاف ما أمكن حول قضايا معينة، وتجلية ما بين المتحاورين من
قضايا خلافية مما قد يوفر حالة من الود ولذلك قيل "إن اختلاف الرأي لا يفسد في الود قضية"

- الإبعاد عن الأحكام التجريدية في قضايا الواقع،كما أن الاستقصاء فيها يجنب النظرات
الانفعالية أو القناعات المسبقة.

- التعمق في دراسة أبعاد القضية وخلفيتها مما يؤدي إلى شمول النظرة وسعتها.

- تدرب على أصول الحوار وتنظيم الاختلاف والتأدب بآدابه.

قواعد وأسس الجدال والمناظرة:

-تخلي كل من الفريقين المتناظرين عن التعصب لوجهة نظر سابقة، وإعلان الاستعداد
التام للبحث عن الحقيقة والأخذ بها

- تقيد المتناظرين بالقول المهذب البعيد عن الطعن أو التجريح أو السخرية لوجهة نظر الخصم.

- التزام الطرق الإقناعية الصحيحة، كتقديم الأدلة المثبتة للأمور , وإثبات صحة النقل لما نقل.

- عدم التزام المجادل بضد الدعوى التي يحاول إثباتها لئلا يحكم على نفسه برفض دعواه

- عدم التعارض والتناقض في الأدلة المقدمة من المجادل.

- ألا يكون الدليل المقدّم من المجادل ترديدا لأصل الدعوى.

- عدم الطعن في أدلة المجادل إلا ضمن الأمور المبنية على المنطق السليم والقواعد المعترف بها لدى الفريقين.

- التسليم ابتداء بالقضايا التي تعد من المسلمات والمتفق على صحتها.

- قبول النتائج التي توصل إليها الأدلة القاطعة والمرجحة.

آداب المجادل عند الإمام الغزالي:

- أن يقصد بجداله وجه الله وإحقاق الحق.

- أن يكون الجدال في خلوة بعيداً عن الرياء وطلبا للفهم وصفاء الذهن.

- أن يكون المجادل في طلب الحق كناشد الضالة.

- عدم الجدال في الأوقات التي يتغير فيها المزاج ويخرج عن حد الاعتدال.

- أن يحافظ على هدوئه ووقاره مع خصمه حتى وان شاغب وأربى في كلامه.

للمناظرات ثلاثة شروط:

الأول : أن يجمع بين خصمين متضادين.

الثاني: أن يأتي كل خصم في نصرته لنفسه بأدلة ترفع شأنه وتعلي مقامه فوق خصمه.

الثالث: أن تصاغ المعاني والمراجعات صوغاً لطيفا.

ومن أمثلة المناظرات الشهيرة مناظرة النعمان بن المنذر وكسرى بن المنذر وكسرى أنوشروان في شأن العرب , ومناظرة للآمدي بين صاحب أبي تمام وصاحب البحتري في المفاضلة بينهما , ومناظرة السيف والقلم لزين الدين عمر بن الوردي , ومناظرة بين الليل والنهار لمحمد المبارك الجزائري, ومناظرة بين الجمل والحصان للمقدسي , ومناظرة بين فصول العام لابن حبيب الحلبي.

ومن مناظرة فصول العام نقتطف هذه المقاطع: قال الربيع: أنا شابّ الزمان , وروح الحيوان, وإنسان عين الإنسان , أنا حياة النفوس وزينة عروس الغروس, ونزهة الأبصار, ومنطق الأطيار, عرف أوقاتي ناسم , وأيامي أعواد ومواسم , وقال الصيف:::: أنا الخل الموافق , والصديق الصادق, والطبيب الحاذق, اجتهد في مصلحة الأحباب , وأرفع عنهم كلفة حمل الثياب, وأخفف أثقالهم , بي تتضح الجادة , وتنضج من الفواكه المادة, ويزهو البُسَر والرطب , وينصلح مزاج العنب, وقال الخريف: أنا سائق الغيوم, وكاسر جيش الغموم , وهازم أحزاب السموم, وحاوي نجائب السحائب , وحاسر نقاب المناقب , وقال

الشتاء: أنا شيخ الجماعة , ورب البضاعة , أجمع شمل الأصحاب, وأسدل عليهم الحجاب, وأتحفهم بالطعام والشراب.

المناظرة وتعلم اللغة:

للمناظرة فوائد عديدة على المستوى التعليمي , تفوق في آثارها كثيرا من الأنشطة التعليمية الأخرى ومن آثار الإيجابية للمناظرة:

- تدريب غير تقليدي على التحدث باللغة العربية.

- تنمية مهارات التخاطب اللغوي , وإجادة الحديث.

- تفسح المجال لدخول أنشطة مساعدة لإتمام عملية المناظرة مثل القراءة – التفكير- التخاطب-القدرة على بناء الحجج- التقويم الذاتي.

- تجعل عملية التعلم أكثر رسوخا وبخاصة في الناحية اللغوية فمن خلال إعداد الطالب للمناظرة نستطيع أن نتعرف على ما يحتاجه من سند لغوي ؛ لكي ينجز المهمة المطلوبة.

- تنشيط رغبة الطالب في التحصيل والتعلم الذاتي , إذ يصدر هذا التحصيل عن رغبة تجعل المناظر يؤمن بالتعدد في الآراء.

- احترام الرأي الآخر , وتنظيم عملية الاختلاف.

- استخدام الأدلة والحجج مما ينمِّي مهارة التدقيق اللغوي فيحرص الطالب على تجنب ما يؤدي إلى ضعفه في الأداء, بالإضافة إلى امتلاكه قدرات التأثير والإقناع من خلال أساليب محكمة وأفكار عميقة.

- توفر المناظرة مناخا قادراً على فتح الباب أمام الطالب ؛ لكي يجرب عمليا ما تعلمه من لغة تتيح فرصة للعمل الجماعي وتبادل الآراء, كما أنها تتيح فرصة التعلم من الآخرين.

- تحقيق الكفاية الإتصالية للطالب ليغدو قادراً على التفاعل الإنساني وليحقق الطالب مما تعلمه من اللغة.

- صقل مهارة التعبير وتجميع الأفكار وانتقائها واستدعائها حين يلزم الأمر للتعبير الكتابي أو الشفهي.

- تنمية مجموعة من المهارات؛ كالحديث والاستماع, والكتابة, والتفكير النقدي والإبداعي.

تحليل المناظرة:

لتحليل المناظرة نقوم بالخطوات التالية:

١-   تحديد قضية المناظرة وموضوعها.

٢-   تحديد أطراف المناظرة.

٣-   تحديد المنتصر في المناظرة.

٤-   تحديد بداية المناظرة.

٥-   مناسبة مناخ القضية للحوار والمناظرة.

المناظرة في العهد القديم:-

قلما عُنى مؤرخو الأدب العباسي بالحديث عن المناظرات التي احتدمت بين المتكلمين والفقهاء وأصحاب الملل والنحل لهذا العصر مع أنها كانت من أهم الفنون النثرية وكانت تشغل الناس على اختلاف طبقاتهم , لسبب بسيط وهو أنها كثيراً ما كانت تنعقد في المساجد , وقد مرَّ بنا أن مجالس البرامكة والمأمون كانت تكتظ بهذه المناظرات, وأنه كان وراء مجالسهما مجالس صغرى كثيرة , يجتمع فيها المتناظرون من الشيعة والزنادقة والمتكلمين , ويتحاورون في المسائل العقدية وغير العقدية, وقد يخوضون في بعض المسائل الفلسفية, على نحو ما كانت تخوض مجالس البرامكة ,وبالمثل كان يتناظر الفقهاء, ومناظرة الشافعي ومحمد بن الحسن الشيباني مشهورة.

والمعتزلة أهمُّ طوائف المتناظرين حينئذ, فقد وقفوا أنفسهم على جدال طوائف المتكلمين من مخالفيهم في أصولهم الخمسة, وجدال من كانوا يعتنقون التشيع الغالي مثل شيطان الطاق وهشام بن الحكم وجادلوا عنيفاً أرباب الملل السماوية والنحل غير السماوية من الدهرية والمانوية , ومن أشهرهم في الجدال والمناظرة أبو الهذيل العلاف المتوفى من حوالي سنة ٢٣٠ للهجرة, وفيه يقول ابن خلكان:" كان حسن الجدال قوي الحجة كثير الاستعمال للأدلة والإلزامات" وروى الخطيب[١] البغدادي والمرتضى [٢] في أماليه وبعض المراجع القديمة طائفة من مناظراته. من ذلك مناظراته في حداثته ليهودي ورد البصرة , وتعرَّض لمتكلميها يقول لهم ألا تقرُّون بنبوة موسى عليه السلام؟

حتّى إذا اعترَّفوا بها قال: نحن على ما اتفقنا عليه إلى أن نجتمع على ما تدَّعونه فتقدم إليه , وقال له: أسألك أم تسألني؟ فقال له اليهودي: بل أسألك

---

[١] تاريخ بغداد ٣/ ٣٦٦ وما بعدها.
[٢] أمالي المرتضى١/١٧٨ وما بعدها.

فقال:ذاك إليك , فقال اليهودي: أتعتّرف بأن موسى نبيّ صادق أم تنكر ذلك فتخالف صاحبك , فقال له أبو الهذيل: إن كان موسى الذي تسألني عنه هو الذي بشَّر بنبي عليه السلام وشهد بنبوته وصدَّقه فهو نبي صادق , وإن كان غير من وصفت فذلك شيطان لا أعتّرف بنبوته , فورد على اليهودي مالم يكن في حسبانه. ولم يلبث أن سأل أبا الهذيل: أتقول إن التوراة حق؟ فقال: هذه المسألة تجري مجرى الأولى , إن كانت هذه التوراة التي تسألني عنها هي التي تتضمن البشارة بنبي عليه السلام فتلك حق , وإن لم تكن كذلك فليست بحق ولا أقرُّ بها. فبهت اليهودي وأفْحم ولم يدر ما يقول. وناظر يوماً مجوسياً فسأله ما تقول في النار؟ قال: بنت الـلـه , قال فالبقر؟ قال: ملائكة الـلـه قصَّ أجنحتها وحطَّها إلى الأرض يحرث عليها , قال:فالماء؟ قال: نور الـلـه, قال أبو الهذيل فما الجوع والعطش ؟ قال: فقْر الشيطان وفاقته, قال أبو الهذيل: فمن يحمل الأرض؟ قال: بهمن الملك. حينئذ قال أبو الهذيل: فما في الدنيا شر من المجوس أخذوا ملائكة الـلـه فذبحوها, ثم غسلوها بنور الـلـه ثم شووها ببنت الـلـه , ثم دفعوها إلى فقر الشيطان وفاقته, ثم سلخوها على رأس الملك أعز ملائكة الـلـه. فانقطع المجوسي وخجل مما لزمه. وقال له المعذَّل بن غيلان يوماً إن في نفسي شيئاً من القول بالاستطاعة وأن الإنسان حُرٌّ حرية مطلقة في أعماله فبيِّن لي ما يُذهب الريب عني , فقال له: خبرني عن قول الـلـه تعالى: (وسيحلفون بالله لو استطعنا لخرجنا معكم يهلكون أنفسهم و الـلـه يعلم إنهم لكاذبون) هل يخلو من أن يكون أكذبهم لأنهم مستطيعون الخروج وهم تاركون له , فلاستطاعة الخروج فيهم وليسوا يخرجون قال (إنهم لكاذبون) أي هم يستطيعون الخروج وهم يكذبون فيقولون: لسنا نستطيع, ولو استطعنا لخرجنا, فأكذبهم الـلـه على هذا الوجه. أو يكون على وجه آخر يقول:(إنهم لكاذبون) أي إن أعطيتهم الاستطاعة لم يخرجوا, فتكون معهم الاستطاعة على الخروج ولا يخرجون. وعلى كل حال قد كانت الاستطاعة على الخروج ثابتة

لهم. ولا يعقل للآية معنى ثالث غير الوجهين اللذين وصفنا وبذلك أقام الحجة القاطعة على الاستطاعة من لفظ القرآن الكريم , حتّى ينقض ما يستشهد به أصحاب الجبر وتعطيل إرادة الإنسان وحريته من بعض آية لا تعطيهم الدلالة البينة الملزمة , وكان يتعمق ببعض مناظراته في مسائل فلسفية كقوله إن حركات أهل الجنة والنار لا تبقى بل تنقلب إلى سكون دائم , تجتمع فيه اللذات لأهل الجنة ويجتمع العذاب لأهل النار, إلى غير ذلك من الآراء المبسوطة في الملل والنحل للشهرستاني وفي مقالات الإسلاميين للأشعري.

وكان ابن أخته النظام لا يقل عنه قوة في الجدل والإقناع وافحام الخصوم , ومرَّ بنا في غير هذا الموضع كيف أفحم أبا شمر الجبري المرجئ وقطعه بالبراهين الساطعة , حتى زحف إليه وأمسك بيديه ليسكت , ويقول ابن النديم إنه ما زال يناظر الحسين النجار في الجبر وحرية الإرادة , حتى انصرف محموماً مغموماً وكان ذلك سبب علته التي مات فيها[1] وهو يعد أكبر من جادلوا الدهرية والمانوية وغيرهما من أصحاب النحل غير الإسلامية لعصره, حتى ليقول الجاحظ على نحو ما مر بنا في ترجمتنا بين الشعراء:" لولا مكان المتكلمين لهلكت العوامُّ من جميع الأمم , ولولا مكان المعتزلة لهلكت العوام من جميع النحل , فإن لم أقل ولولا أصحاب إبراهيم (النظام) وإبراهيم لهلكت العوام من المعتزلة , فإني أقول إنه قد أنهج لهم سُبلاً وفتق لهم أموراً واختصر لهم أبواباً ظهرت فيها المنفعة وشملتهم بها النعمة[2] وحكى الجاحظ كثيراً من جداله وردوده على الدهرية والمنّانية, وفي الجزء الخامس من كتاب الحيوان مادة من ذلك كثيرة نراه فيها يرد على من يقولون بأن أصل العالم ضياء وظلام وأن الحرارة والبرودة واللون والطعم والصوت والرائحة إنما هي نتائج على قدر امتزاجها , ويلاحظ أنهم يقفون عند حاسَّة اللمس فقط دون

---

[1] الفهرست لابن النديم ص ٢٥٤.

[2] الحيوان ٤/ ,٢٠٦

غيرها من الحواس. ويبحث مباحث واسعة في النار وأنها حر وضياء وأن الضياء ليس بلون لأنه إذا سقط على الألوان المختلفة كان عمله فيها واحداً ويفيض في ردود كثيرة على المجوس, واحتفظ أبو الحسين الخياط هو الآخر بكثير من هذه الردود, من ذلك قول المنانية بالنور والظلمة وأن النور هو مصدر كل خير والظلمة مصدر كل شر, فالصدق خير لأنه من النور والكذب شر لأنه من الظلمة, مما جعله يقول لهم:

" حدثونا عن إنسان قال قولا كذب فيه من الكاذب ؟ قالوا الظلمة , قال: فإن ندم بعد ذلك على ما فعل من الكذب , وقال: قد كذبت وقد أسأت , من القائل: قد كذبت ؟ فاختلطوا عند ذلك ولم يدروا ما يقولون, فقال لهم ابراهيم: إن زعمتم أن النور هو القائل: قد كذبت وأسأت فقد كذب لأنه لم يكن الكذب منه ولا قاله والكذب شر, فقد كان من النور شر وهو هدم قولكم , وإن قلتّم إن الظلمة قالت: قد كذبت وأسأت فقد صدقت, والصدق خير, فقد كان من الظلمة صدق وكذب, وهما عندكم مختلفان, فقد كان من الشيء الواحد شيئان مختلفان: خير وشر على حكمكم , وهذا هدم قولكم بقدم الاثنين [٣] أي الخير والشر وإليهما اللذين يؤمنون بهما. وعلى نحو ما كان يناظر المنانية ويقطعهم كان يناظر الدهرية القائلين بالدهر وخلوده وأن حركات الأفلاك لا تتناهى, ويفحمهم بمنطقه وقوة نسجه للأدلة , من ذلك أنه تعرَّض لهم يوما يجادلهم فيما يزعمون من عدم التناهي في حركات الأفلاك , وكان مما قاله لهم: " ليس تخلو الكواكب من أن تكون متساوية الحركة , لا فضل لبعضها في السير والقطع أو بعضها أسرع قطعاً وسيراً من بعض, فإن كانت متساوية القطع فقطع بعضها أقل من قطع جميعها, وإذا أضيف قطع بعضها إلى قطع البعض الآخر كان قطع الجميع أكثر من قطع الواحد , وإن كان بعضها أسرع من بعض قطعا, فقد دخلته القلة والكثرة وما

[٣] كتاب الانتصار لأبي الحسين الخياط(طبع لجنة التأليف والترجمة والنشر) ص ٣٠.

دخلته القلة والكثرة متناه [٤] وهو تناه يدل على حدوث الحركة وكان يكثر من مناظرة خاله أبي الهذيل ويعلو عليه بقوة حججه , مما جعله يراوغه كثيراً ويعتلُّ عليه , حتّى قال له بعض مستمعيها:" إنك إذا راوغت واعتللت وأنت تكلم النظام فأحسن حالاتك أن يشك الناس فيك وفيه , فقال: خمسون شكاً خير من يقين واحد[٥] ومر بنا في غير هذا الموضع بعض آرائه الفلسفية وفي الحق أنه هو وخاله وغيرهما من المعتزلة غمسوا آراءهم وتفكيرهم في الفلسفة غمساً؛ ونراه يحوّل كل شيء إلى المناظرة , فهو يناظر في الآراء العقدية وفي الآراء الفلسفية مما ذكرناه في ترجمته السابقة كما يناظر في المسائل الطبيعية وفي الحيوان. ومناظرته لمعبد من مساوئ الديك ومحاسنه ومنافع الكلب ومضاره مشهورة وقد شغلت نحو مجلد ونصف من كتاب الحيوان للجاحظ , إذ استقصيا جميع الجوانب المتصلة بذلك استقصاء يدل على مدى الرقى الفكري الذي رقيه العقل العربي في العصر العباسي , وهي وما يماثلها لم تكن تُراد لنفسها وإنما كانت تراد للبرهنة على عجائب تدبير الـلـه جل جلاله في خلقه وما أودعه فيه من ذخائر الحكمة, كما كانت للفرق الفرق بين مذاهب الدهرية ومذاهب الموحدين لا في بحث عجائب الكون في الحيوان فقط بل في بحث كل صور الوجود أيضا وما يتصل بذلك من الآراء الفلسفية العميقة , ومن أجل ذلك آثر المعتزلة هذا الجدال العقلي على النسك والعبادة وجعلوه فوق الحج والجهاد [١].

وفي الحق أنهم بسطوا بهذا الجدال وما اتصل به من مناظرةٍ العقل العربيَّ إلى أبعد غاية, فقد أمدُّوه بسيول من دقائق المعاني وخفيات البراهين, وجعلوه عقلا جدلا ما يزال ينقب عن خبيئات الأفكار, وما يزال يجلب من أعمق الأعماق دررها الباهرة, وقد تعاوروا على الأشياء المشهورة يصحّحونها

---

[٤]- انظر كتاب الانتصار ص ,٣٥

[٥] الحيوان ٣/ ٦٠.

[١] الحيوان ١/ ٢١٦.

ويسددونها , وتعاور معهم كثير من معاصريهم الذين مضوا يتقنون على شاكلتهم الحوار في كل شيء. ومن طريف ما يصوِّر ذلك أن نجد الجاحظ يذكر أن شخصاً يسمى جعفر بن سعيد كان يفضل الديك على الطاووس, كأنه يريد أن يعكس ما شاع عند الناس من جمال الطواويس , ويسوق الجاحظ ما كان يقوله في ذلك على هذا النمط [٢].

" كان جعفر بن سعيد يزعم أن الديك أحمد من الطاووس وأنه مع جماله وانتصابه واعتداله وتقلعه[٣] إذا مشى سليم من مقابح الطاووس ومن مُوقه[٤] وقبح صورته! ومن تشاؤم أهل الدار به ومن قبح رجليه ونذالة مرآته. وزعم أنه لو ملك طاووسا لألبس رجليه خُفاً. وكان يقول: وإنما يفخر له بالتلاوين وبتلك التعاريج والتهاويل التي لألوان ريشه, وربما رأيت الديك النبَّطي وفيه شبيه بذلك إلا أن الديك أجمل لمكان الاعتدال والانتصاب والإشراف وأسلم من العيوب من الطاووس , وكان يقول: ولو كان الطاووس أحسن من الديك النبطي في تلاوين ريشه فقط لكان فضل الديك عليه بفضل القدَّ والخرط وبفضل حسن الانتصاب وجودة الإشراف أكثر من مقدار فضل حسن ألوانه على ألوان الديك ولكان السليم من العيوب في العين أجمل لاعتراض تلك الخصال القبيحة على حسن الطاووس في عين الناظر إليه. وأول منازل الحمد السلامة من الذم , والعامة لا تبصر الجمال, ولفرسٌ رائع كريم أحسن من كل طاووس في الأرض, وكذلك الرجل والمرأة. وإنما ذهبوا من حسنة إلى حسن ريشه فقط, ولم يذهبوا إلى الأعضاء والجوارح وإلى الشيات والهيئة والرأس والوجه الذي فيه. وكان جعفر يقول: لما لم يكن في الطاووس إلا حسنه في ألوانه ولم يكن فيه من المحاسن ما يزاحم ذلك ويجاذبه

---

[٢] الحيوان ٢/ ٢٤٣.

[٣] التقلع: التحدر في المشي.

[٤] الموق: الحمق

وينازعه ويشغل عنه ذكر وتبين وظهر, وخصال الديك كثيرة وهي متكافئة في الجمال".

وواضح أن هذه قدرة بارعة في الجدل وفي تأليف الحجج والأدلة, وهي تدل على ما أصاب العقل العربي حينئذ من رقى جعله يستقصي ما يتحدث عنه أحسن استقصاء وأدقه, استقصاء يحرص فيه المتكلم على التدقيق والتعمق كأشد ما يكون التعمق والتدقيق وكان يصحب ذلك بكثير من الظرف ومن السفسطة التي تدل على ترف العقل وارتفاعه عن الآراء الشائعة , ويصور ذلك من بعض الوجوه ما حكاه الجاحظ في فاتحة كتابه البخلاء عن مذهب من يسمَّى باسم الجهجاه"في تحسين الكذب في مواضع وفي تقبيح الصدق في مواضع وفي إلحاق الكذب بمرتبة الصدق وفي حَطِّ الصدق إلى موضع الكذب وأن الناس يظلمون الكذب بتناسى مناقبه وتذكرُّ مثالبه ويحابون الصدق بتذكرُّ منافعه وبتناسى مضاره وأنهم لو وازنوا بين مرافقهما وعدَّلوا بين خصالهما لما فرَّقوا بينهما هذا التفريق ولما رأوهما بهذه العيون" ويتلو الجاحظ هذا المذهب بمذهب من يسمَّى باسم صحصح" في تفضيل النسيان على كثير من الذكر وأن الغباء في الجملة أنفع من الفطنة في الجملة وأن عيش البهائم أحسن موقعا في النفوس من عيش العقلاء وأنك لو أسمنت بهيمة ورجلا ذا مروءة أو امرأة ذات عقل وهمة وأخرى ذات غباء وغفلة لكان الشحم على البهيمة أسرع وعن ذات العقل والهمة أبطأ , ولأن العقل مقرون بالحذر والاهتمام ولأن الغباء مقرون بفراغ البال والأمن , فلذلك البهيمة تقنو شحما في الأيام اليسيرة, ولا تجد ذلك لذي الهمة البعيدة, ومتوقَّع البلاء في البلاء وإن سلم منه , والغافل في الرجاء إلى أن يدركه البلاء".

وقد يقال إن هذا التقبيح للأشياء المستحسنة والتحسين للأشياء المستقبحة عُرف في الأدب الفلهوي القديم , وأن العباسيين تأثروا في هذا

الاتجاه بما كان منه في هذا الأدب , ونحن لا ننفى ذلك, وإنما نلاحظ أنه حتّى إن صح فإن العباسيين توسعوا في هذا الاتجاه بتأثير مناظرات المتكلمين وما داخلها من سفسطة أحياناً , بحيث أصبح هذا التحسين والتقبيح نمطا من أنماط التفكير العباسي , وبحيث عمَّ في كل شيء , مما هيأ فيما بعد هذا العصر لظهور كتب المحاسن والمساوئ, ونضيف أن المتكلمين تأثروا أيضاً في مناظراتهم بما كان في التراث الفلسفي اليوناني من جدال وحوار, وبخاصة في المسائل الفلسفية الخالصة , ومعروف أن أفلاطون كان يدير كثيراً من رسائله على الحوار والجدل بين نفرٍ من الفلاسفة, على نحو ما هو معروف في رسالته أو كتابه الذي سماه المأدبة وفيه جلب سقراط وبعض المتفلسفة ليتحاوروا في عاطفة الحب , ومرَّ بنا في غير هذا الموضع أن يحيى البرمكي دعا من كانوا يتناظرون بمجالسه في المسائل الفلسفية والكلامية إلى الحديث عن العشق, وكان حديثاً طويلا تبادل هؤلاء المتناظرون آراءهم فيه , وأكبر الظن أنهم سمعوا بمأدبة أفلاطون إن لم يكن بعضهم قد اطلع عليها مترجمةً , ولم ينقل لنا جميع هذا الحديث الطريف, إنما نقل بعض ما تحدَّث به من شاركوا في هذه المحاورة البديعة , نقله المسعودي في كتابه مروج الذهب على هذه الشاكلة [1].

" قال علي بن مثيم (المتكلم الشيعي): العشق ثمر المشاكلة وهو دليل على تمازج الروحين , وهو من بحر اللطافة ورقة الطبيعة وصفاء الجوهر, والزيادة فيه نقصان من الجسد.

وقال أبو مالك الحضرمي وهو خارجي المذهب: العشق نفث السحر, وهو أخفى وأحر من الجمر, ولا يكون إلا بازدواج الطبعين وامتزاج الشكلين , وله

---

[1] مروج الذهب ٣ / ٢٨٦.

نفوذ في القلب كنفوذ صيّب المزن في خلل الرّمل تنقاد له العقول وتستكين له الآراء.

وقال أبو الهذيل العلاف المعتزلي: العشق يخّتم على النواظر ويطبع على الأفئدة مرتقى في الأجساد ومسرعة في الأكباد , وصاحبه منصرف الظنون متغير الأوهام لا يصفو له موجود, ولا يسلم له موعود , تسرع إليه النوائب , وهو جرعة من نقيع الموت , وبقية من حياض الثكل , غير أنه من أريحية تكون في الطبع وطلاوة توجد في الشمائل وصاحبه جواد لا يصغو (يميل) إلى داعية المنع ولا يسنح به (يصرفه) نازع العذل.

وقال إبراهيم النظام بن يسار المعتزلي: العشق أرق من الشراب , وأدبّ من الشباب , وهو من طينة عطرة عُجنت في إناء من الحلى , حلو المجتنى ما اقتصد , فإذا أفرط عاد صلاً قاتلا, وفساداً معضلا, لا يطمع في إصلاحه , له سحابة غزيرة على القلوب , فتعشب شغفاً وتُثمر كلفا , وصريعه دائم اللوعة ضيق المتنفَّس طويل الفكر إذا جنَّه الليل أرق وإذا أوضحه النهار قلق , صومُهٌ البلوى, وإفطارُه الشكوى.

ثم قال الخامس والسادس والسابع والثامن والعاشر ومن يليهم , حتّى طال الكلام في العشق بألفاظ مختلفة ومعان تتقارب وتتناسب , وفيما مرَّ دليل عليه ".

وكنا نتمنى لو أن المسعودي أورد كل ما قاله هؤلاء المتحاورون إذن لورثنا عن العباسيين مأدبة في العشق تقابل مأدبة أفلاطون , والذي لا شك فيه - كما أسلفنا - أن هذه المأدبة كانت تحت أعين معاصريهم كما كانت تحت بصر من جاءوا مثل المسعودي , وأن الشعراء استمدوا منها كثيراً من معانيهم في العشق والغزل , ومضى المسعودى يذكر بعض ما أُثر عن الفلاسفة

والأطباء في العشق , مما يقطع بأن العباسيين إن لم يعرفوا مأدبة أفلاطون فقد سقطت إليهم آراء يونانية مختلفة في الحب والهوى.

وواضح ما في هذا الحوار عن العشق من دقة في المعاني ومن حسن سبك وأداء, حتى ليعنى بعض المتحاورين بأن يكون كلامه مسجوعا , مما يدل دلالة بينة على أن المتناظرين كانوا لا يزالون يتعهدون كلامهم ويصوغونه صياغة باهرة , بذلك أعدوا لتطور النثر تطوراً واسعاً في مضامينه الجديدة التي لم يكن للعربية بها عهد وفي أساليبه وما شفعوها به من حسن السبك وجمال الصياغة والأداء.

وليس ذلك فحسب كل ما قدمه فن المناظرة للنثر في هذا العصر, فقد جعل المتكلمون والمتناظرون وفي مقدمتهم المعتزلة يبحثون في بلاغة القول ويكثرون من ملاحظاتهم في هذا الاتجاه.

الوحدة الثانية عشرة

فـــــن الــتقرير والبحث والمحضر والجلسات

تعريف التقرير

أهمية التقرير

أهداف التقرير

مراحل التقرير

مخطط البحث أو التقرير

محاضر الجلسات

صفات المحضر

التقرير والبحث

تعريف التقرير:

لغة واصطلاحاً

لغة:

مصدر للفعل قرّر (قرر المسألة أو الرأي وضحه وحققه)، وهذا التوضيح والتحقيق الوارد في التقرير جاء على هيئة معينة.

التقرير في الاصطلاح:

فهو عملية علمية منظمة تسعى للكشف عن مسألة وتهدف إلى جمع ما تفرق عنها في صفحات منظمة مبوبة.

أهمية التقرير

لأن المدرس لا يستطيع تغطية كل كبيرة وصغيرة في مادة التعلّم, لذا جاء التقرير رافداً لما يقدمه الكتاب والمعلم بجهد يبذله الطالب ويطلّع فيه على كتب أخرى أو يجري تجارب أو يقوم بمقابلات علمية أو تصميم استبيانات تدور حول قضية متعلقة بمادة الدراسة.

وهذا الجهد المتواضع الذي يبذله الطالب يكسبه ثقته بنفسه ,لأنه يبحر وحده في عالم الكتب, ويختار منها ما يتعلق بموضوعه, ويناقش الآراء التي يقرأها فتتقوى شخصيته , كما يكسب التقرير مهارات علمية ومعلومات عميقة قلما يتطرق إليها النسيان, لأن الطالب هو الذي يشكلها علمياً بجهده , وهذا الجهد يساعده أيضاً, على تنمية قدراته,واستخدام لغته ,كما يساعده

على إظهار كفاءته وفهمه لبنود الخطة التي شرحها شرحاً كافياً , ومن جهة أخرى فأن التقرير الجيد يعطى المعلم فكرة حسنة عن الطالب , ويكشف له عن موقعه العلمي الصحيح على نحو أعمق مما تكشفه الامتحانات اليومية.

أهداف التقرير:

- تعليم الطالب كيفية الوصول إلى الخبرة والمعرفة من خلال خبرة السابقين وتجاربهم.

- إعطاء فرصة للطالب ليمارس القراءة النقدية ,لأنه سيجد بعض المعلومات الموثوقة والمفيدة.

- تدريب الطالب على تنظيم أفكاره والتعبير عنها بلغة سليمة, بعد أن يكون قد اطلع على عدة مصادر غالباً ما تحمل وجهات نظر مختلفة.

مراحل التقرير:

أ- تحديد الموضوع: وينحو المحاضرون نحو الأساليب العامة التالية:

- اختيار الموضوع بحسب رغبة المعلم.

- اختيار الموضوع بحسب رغبة الطالب نفسه.

- فتح المجال لمن أراد الكتابة للحصول على العلامة.

- تكليف مجموعة من طلاب الصف بالبحث عن بند من بنود المنهاج.

كل هذه الأساليب تجعل الطالب إمّا مخيراً فيما سيكتب أو لا خيار له , وفي كلا الحالتين عليه اتباع الإرشادات التالية:

- زيارة المكتبة والإطلاع على فهارس الموضوعات والعناوين والمؤلفين فيها , وتسجيل أرقام تصنيف الكتب , وقراءة فهارس محتويات كل كتاب يعنيه ويستحسن قراءة قائمة المصادر والمراجع.

- الرجوع إلى الموسوعات والمعاجم المتخصصة مثل المعجم الأدبي , وكتب المصادر مثل كتاب(مصادر الدراسة الأدبيّة) ليوسف اسعد داغر.

- الرجوع إلى الدوريات ليراجع فهارس المجلات ويدون ما يجده متصلاً بموضوعه.

- استشارة ذوي الاختصاص, وذلك بعد تكوين فكرة عامة عن الموضوع.

وقبل أن يحدد الطالب موضوع تقريره عليه أن يأخذ بعين الاعتبار الأمور التالية:

- أن لا يكتفي بكتاب واحد أو كتابين لموضوع بل لأقلها خمسة مراجع.

- أن لا يكون التقرير جديداً جداً , أو من الموضوعات التي تحفظ سراً من أسرار الاقتصاد أو أسرار حياة شاعر, لأن الغرض من التقرير هو التدريب.

- أن لا يكون الموضوع كبيرا جداًً ومتشعباً ولا ضيقاً جداً , ولا غامضاً.

- أن لا يتطلب الموضوع معلومات سابقة يصعب الحصول عليها.

-أن يجد في نفسه رغبة وميلاً وقدرة على البحث.

-أن لا يعامل مصادره ومراجعه على أنها موثوقة لكونها مطبوعة بل عليه التأكد من صدقها وصحتها.

في العادة لا يصحب القراءة الأولية جمع للمادة , وإنما تسجيل للمصادر والمراجع وتدوين للأفكار العامّة التي من خلالها يضع حدود التقرير وعنوانه.

ب- وضع هيكل البحث.

من المتوقع أن تكون القراءة الأولية قد أعطت الطالب تصوراً عن هيكل **الموضوع،** عنوانه وأفكاره الرئيسية والفرعية , حجم المادة , وأهم المصادر والمراجع ,فإذا وجد الطالب تشجيعاً من مرشده , فليمض إلى عملية جمع المادة وافضل مكان الحاسب لتوفره عند كل طالب, وتتم جمع المعلومات بالرجوع إلى المصادر والمراجع التي تصفحها ويأخذ كتاباً كتاباً , ويفرد لكل فكرة بطاقة أو ملفاً على الحاسب. وقبل نقل المعلومة يقوم الطالب بنقل معلومات النشر فيكتب, اسم المؤلف, اسم المرجع , عدد الأجزاء, الطبعة, الناشر, بلد الناشر سنة النشر, ويكتب الطالب كل معلوماته وأفكاره على بطاقات مستقلة أو ملفات مستقلة , ثم يقوم بتصنيف البطاقات ذات الموضوع الواحد إلى بعضها البعض , تمهيداً لقراءتها وتكوين فكرة متكاملة عن الموضوع , فيعدّل بالزيادة والحذف في ضوء ما توصل إليه من معلومات.

ج- كتابة المسوّدة.

بعد جمع المادة من مصادرها المختلفة وتصنيفها بحسب الموضوع , يقوم الطالب بقراءة البطاقات أو الملفات التي تتعلق بالفكرة الواحدة ليكّون نظرة شمولية ثم يكتب البند الأول من الفصل من فكرة إلى فكرة بفقرات مناسبة, تاركاً المجال للإضافة والحذف.

وكتابه المسودة لا تكون مجرد نقل , بل صياغة جديدة للأفكار والتوسع بها وشرحها , ويفضل أن يكتب اسم المرجع على ذات السطر وليس في الحاشية تحرزاً من اختلاط أسماء المراجع فيما لو أضاف ,لأن الإضافات تفقد تسلسل الصفحات.

ويستمر الطالب في كتابة الفصول حتى تكتمل ثم يعيد قراءتها ومراجعتها حتى إذا فرغ كتب الخاتمة وهي تلخيص لكل فصل بفقرة وعرض لأهم الأفكار وما توصل إليه الطالب.

ومع أن المقدّمة من الناحية الشكلية في أول البحث ,لا أنها تكتب بعد انتهاء المسودة وهي **تحتوي على المعلومات التالية:**

- فقرة أساسية عن موضوع البحث.

- موقع البحث من الدراسات السابقة وبيانا لأهميته وسبب اختياره.

- بيان منهجه في البحث وطريقة معالجته, والفصول التي يبحث فيها.

- إشارة إلى أهم المصادر والمراجع التي اعتمد عليها.

- الصعوبات التي واجهته ويفضل أن تكون لها علاقة بالبحث (أكاديمية).

- الشكر لمن يستحقه ممن أعانه.

وبعد أن ينتهي من المقدّمة يكون قد انتقل إلى المرحلة الأخيرة في البحث وهي التبيض.

د- المبيضة:

يقوم الطالب بقراءة المسودة لتنقيحها بالزيادة والحذف أو التصحيح , وللوقوف على مدى منطقيتها وترابطها ثم لإخراجها في آخر صورة مقبولة لها, يبدأ أولاً بكتابة صفحة العنوان وتشمل اسم الجامعة على أعلى يمين الصفحة ثم عنوان البحث في وسط الورقة, يليه اسم الطالب ,ثم المادة, وأستاذه المشرف ويكتب في آخر الصفحة من الوسط التاريخ.

وفي الصفحة الثانية تأتي المقدمة والبعض يجعل الصفحة الثانية صفحة الشكر, والبعض يجعلها صفحة المحتويات(فهرس المحتويات) في الغالب تأتي المقدّمة, وفي الصفحة الثالثة يبدأ الفصل الأول, مراعياً شروط الكتابة في المبيضة , الفقرات, علامات الترقيم, علامات الاقتباس والتضمين , الحاشية , حيث يكتب فيها (اسم المؤلف, اسم الكتاب, رقم الصفحة).

في الصفحة التالية يبدأ التسلسل في التوثيق وفي الهامش نوثقُ بحسب التسلسل, وإذا تكرر المصدر نكتب (المصدر السابق) (م.س) وحين ننتهي من كتابة المادة أو التقرير نقدّم تلخيصاً لما

سبق تلك هي الخاتمة.

وقبل إنهاء البحث بقائمة المصادر والمراجع نعيد إلى الأذهان صفات التقرير الجيد:

- الترتيب والوضوح (وضوح الخط, الفكرة, الجملة)

- الاهتمام بعلامات الترقيم دونما إسراف ولا إهمال.

- الاهتمام باللغة وتجنب الأخطاء الإملائية واللغوية.

- الروح العلمية والأمانة, والإشارة إلى صاحب المعلومة.

- العمق ومعالجة قضايا الموضوع دون الإكثار من النقل.

- الشكل الخارجي , عدم الإسراف بزخرفة الغلاف برسومات خارجة عن الموضوع.

- حشو المعلومات التي لا علاقة لها بالموضوع. هذا يضعف التقرير أو البحث.

هـ- إعداد قائمة المصادر والمراجع.

بعد الانتهاء من كتابة البحث وتبييضه يقوم الطالب بمراجعة الحواشي ليفهرس المصادر والمراجع التي اطلع عليها , ويقوم بترتيبها ألف بائياً على النحو التالي:

١-   المؤلف, اعتماد اسم الشهرة دون الألقاب , وضع فاصلة أو نقطة بعده.

٢-   العنوان, العنوان الذي اعتمده الطالب في بحثه.

٣-   معلومات النشر , الطبعة, مكان النشر, اسم الناشر, التاريخ.

وإذا لم يجد إحدى المعلومات كتب (دون تاريخ) أو(دون طبعة) وهناك رموز تدل على هذه المصطلحات.

مخطط هيكلي لبحث ما:

○ العنوان

○ المقدمة

○ اهمية الموضوع

○ الدراسات السابقة

○ المنهج وطريقة المعالجة

○ الموضوع

الباب الأول – عنوانه

الفصل الأول - عنوانه

-١

-٢

-٣

الفصل الثاني - عنوانه

-١

-٢

-٣

الباب الثاني: عنوانه

الفصل الأول:- عنوانه

-١

-٢

-٣

الفصل الثاني- عنوانه

-١

-٢

-٣

○ الخاتمة

○ المراجع والمصادر

○ الفهارس

أنواع التقارير:

- **التقرير الأكاديمي**، البحث العلمي.

- **التقرير الوصفي**، وصف حركة الناس (ووصف ظاهرة ما).

- **التقرير الإخباري**، التي نسمعها من الإذاعة ونراها في التلفاز.

- **التقارير التحليلية**، التي تقارن وتقترح وتعلل (تأخر الطلاب).

- **التقارير الإحصائية**، ما تقدمه البنوك والمؤسسات المالية.

- **التقارير الإدارية**، تقارير المشرفين والإداريين عن الموظفين.

محاضر الجلسات

تعريفه،وغرضه:

محضر الاجتماع: هو السجل الرسمي للاجتماع, والغرض منه الاحتفاظ للمستقبل وبشكل مختصر بالمعلومات.

معلومات المحضر (الجلسة).

- بيان أن الاجتماع قد عُقد.

- بيان زمان عقد الاجتماع ومكانه.

- بيان من حضر ومن تغيب.

- بيان ما تم في الاجتماع , ويتم تلخيص القضايا الأساسية التي نوقشت والحلول الموصى بها واللجان الفرعية التي شكلت.

- بيان وقت انتهاء الاجتماع وموعد الاجتماع القادم.

وقبل الاجتماع القادم يكون أمين السر قد عمل على طبع المحضر, ووقع عليه هو ورئيس اللجنة, وعمل نُسخ للأعضاء ويتم توزيعها والتوقيع على المحضر الأساسي من قبل الأعضاء.

صفات المحضر(الجلسة).

- الاختصار دون إخلال بالمعلومات وترك التفصيلات.

- الاستيعاب دون إغفال بعض المعلومات ولا زيادة عليها.

- كتابة المعلومات السابقة من أجل التوقيع عليها وحفظها.

كيفية تدوين الملاحظات:

- اختيار أمينٍ للسر ليسجل ما يدور في الاجتماع , وأمين السر له مواصفات (السمع, القدرة الاستيعابية, قدرة التلخيص, القدرة اللغوية).

- كتابة الأفكار الرئيسية في المحضر, ومناقشتها بنداً بنداً مع تدوين الاقتراحات, والتصويت عليها وإقرارها.

شروط الدعوة إلى الجلسة.

توزيع الدعوات التي تحمل ما يلي:-

- مكان الاجتماع وزمانه بالتحديد.

- بنود الاجتماع المقترحة.

- تهيئة المكان ونوع الجلسة وشكلها.

- تلاوة أسماء الأعضاء وألقابهم وتحديد سقف الاجتماع الزمني.

- تلاوة ما تم الاتفاق عليه في الاجتماع السابق والمصادقة عليه.

- طرح بنود الاجتماع الحالي وقبول الاقتراحات لمناقشتها.

- طرح البنود واحداً واحداً ضمن فترة زمنية محددة والتصويت عليها.

- رفع الجلسة بعد تدوين القرارات وتحديد موعد الاجتماع القادم ومكانه.

الوحدة الثالثة عشرة

فـــن الـتـلـخـيـص والأسـلـوب

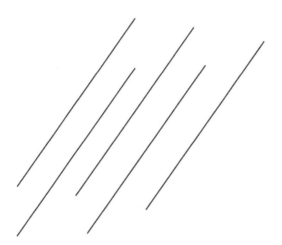

تعريفه

أركان التلخيص

مبادئ فن التلخيص وقواعده.

اتجاهات عامّة في التلخيص

الطريقة المقترحة في التلخيص

الأساليب

مفهومها

شروطها

أنواعها

فن التلخيص

مقدمّة:

الأسباب التي تدعونا إلى استخدام التلخيص كثيرة, ففي مناحي الحياة المختلفة نشاطات يكون التلخيص عمادها الأول , فإننا نقوم بإرسال برقية أو الكتابة على بطاقة معايدة, أو توجيه بطاقة دعوة أو الإعلان عن ندوة أو محاضرة.

وفي كثير من النشاطات المسرحيّة أو الدعاية أو الإعلان تجدنا نختار مضطرين كلاماً قليلاً يؤدي معنى كثير, وعندما يقوم المرء بعملية التلخيص لا يندفع إليها جزافاً دونما ضوابط أو محددات , وإنما يتبع طرقاً محددة متتابعة.

مفهوم التلخيص:

التلخيص لغة: من لخّصَ بمعنى أبان وشرح, والتلخيص هو التقريب والاختصار, يقال لخّصت القول: أي اقتصرت فيه واختصرت فالتلخيص الذي نرمي إليه مادة كلامية موجزة, مكتوبة أو محكية تتضمن كلاماً يحمل المعنى نفسه في عبارات مترابطة وأفكار متسلسلة وتراكيب واضحة وألفاظ جامعة.

التلخيص اصطلاحا: تأدية كلام سابق بأقل من عباراته الأصلية مع الحرص على استيفاء جميع الفكر والأجزاء الرئيسية دون أن يفقد الكلام وحدته.

لا بد للمعلم قبل أن يبدأ بتدريب الطلبة على عملية التلخيص أن يعرِّفهم على **أمور كثيرة لها علاقة بعملية التلخيص وإبرازها:**

١- **الجملة البسيطة وتتألف من:**

- **جملة فعلية:** وتتألف من فعل وفاعل ومفعول به.

- **جملة اسمية:** وتتألف من مبتدأ وخبر.

٢- **الجملة المركبة:** وهي تتكون من جملتين أو أكثر وتكون إحداها رئيسية والأخرى ثانوية وتكمن في الجملة الرئيسية الفكرة العامّة ذات الأهمية الكبرى.

٣- **الفقرة:** وهي تتألف من جمل تكون بلا تآلف من الأفكار التي تصب في فكرة واضحة , وهي في حقيقة أمرها محور الفكرة ومركز اهتمامها , وتشمل كل فقرة على جملة مفتاحية أو جملة بنائية تتجسد فيها هذه الفكرة وتتضح , وهذه الجملة تعتمد عليها بقية الجمل في الفقرة اعتماداً مباشراً وتتفاوت في درجة أهميتها فبعضها يوضح الفكرة ويطورها , وبعضها يقود إلى اجمال الفكرة وتجمعها.

وتتميز الفقرة عادة بوحدة الموضوع وتجانس الأفكار فهي تلتقي في مجموع مكوناتها حول فكرة مركزية محددة.

٤-**القطعة أو الموضوع:** وهو عبارة عن فقرة أو مجموعة من الفقرات تتضافر في ضم الأفكار ووصفها لتؤلف فكرة كبرى قصدها الكاتب , ومن الفقرات ما يحتوي فكرة مستقبله , ومن الفقرات ما يكون تبعاً لفقرة سابقة لها , وقد تكون الفقرات طويلة أو قصيرة , وقد تكون جملة واحدة قائمة بنفسها.

مبادئ فن التلخيص وقواعده:

الأعمال الأدبيّة متعددة الألوان , كثيرة المداخل والأشكال وهذا مما يثقل كاهل الإنسان الذي يقوم بعملية التلخيص , وإذا ما تعرف ماهية الموضوع الذي يلخصه , واطلع على أطره الزمنية والمكانية والظروف المناخية التي عمل بها , فإنه يستشرف العوالم اللغوية والدلالية والفكرية التي يتضمنها النص , ومن الأشكال التي اعتاد الطلبة أن يعرضوا لها في أثناء الممارسات اللغوية المختلفة:

١- القصص:

ولعل هذا الشكل الأدبي اسهل ما يواجهه الطالب في مراحله الأولى. فعناصر القصة بأحداثها وشخوصها , وأمكنتها غالباً ما تكون واضحة المعالم , وفكرتها الرئيسية قد تتضمن عبارات أو مواقف متفرقة يحددها الكاتب وتكون شخوصها واضحة من خلال ما يبوح به الكاتب لأحد الشخوص من خلال تفاعله مع أحداثها.

ولا يفوت القارئ أن الصورة المتعاقبة والتحليق الخيالي الذي يُحلي بها الكاتب قصته , والانتقالات المفاجئة من حدث إلى آخر ومن مكان إلى آخر., مما يقصد إليه الكاتب من التشويق وتطوير العقدة وتعقيدها حتى تصل إلى قمة التوتر الذي يسعد القارئ ويشده إلى أن يفضي به إلى الحل المنشود , فتخفف أعباؤه من أحمالها ويستبدل الراحة بالتوتر في أوقات كثيرة أو يجهد هو نفسه في إيجاد الحل الذي يروقه ويستهويه.

وإزاء كل هذه الأمور الكاشفة ينبغي أن يحدد القارئ موقعه الواضح من القصة عند تلخيصها , **ومما يجب أن يلتفت إليه ما يلي:**

- قراءة القصة بوعي وانتباه.

- وضع حوادثها في تسلسلها التاريخي.

- طرح الصور والأخيلة والتفصيلات والاستعارات عنها بجمل ممثلة موجزة , وذات كلمات دالة.

- استخدام أسلوب الالتفات في تسيير دفة الحديث [1].

- إعطاء خلاصة الحوار الذي قد تشتمل عليه القصة , وأن يعطي نفسه الحق بالتحدث عنهم متمثلاً رأي الكاتب.

٢- المقالات والمحاضرات والندوات:

وتشكل هذه الأعمال الأدبية منظومات من الأفكار المؤكدة تمثلها فقرات مترابطة يغلب عليها التنظيم الدقيق ودقة الأداء , **وهذا الأمر يتطلب الغوص في فكر الكاتب أو القائل وتحديد مقصده, ولذلك عند تلخيص مثل هذه الموضوعات نراعي الأمور التالية:**

أ- قراءة الموضوع بإمعان وتحديد فكرته العامّة.

ب- متابعة الأفكار الجزئية وتنظيمها.

ج- السعي إلى الصياغة السليمة في عبارات مناسبة.

٣- الخطب والرسائل.

في هذين الشكلين نلمح كثيراً من خصائص أسلوب الخطابة والمراسلة من تكرار أو براهين داعمة أو مقدمات مثيرة أو أساليب انفعالية تستدر العطف وتوقظ المشاعر وتلهب الأحاسيس وتحلق بالعواطف , يؤدى كل ذلك في

---

[1] الالتفات:(تحويل الأسلوب من المتكلم إلى أسلوب الغائب)

أساليب بلاغية وأنماط لغوية خاصة وعبارات منمقة ومنتقاة, وحيال **ذلك تراعى عند التلخيص الأمور التالية:**

أ- تجنب التكرار والاكتفاء بما يؤدي المعنى.

ب- استخدام أسلوب الالتفات , وإسناد الأفعال إلى الظاهر.

ج- الاستعاضة عن العبارات والأساليب الانفعالية كالتعجب والاستفهام والمدح بأفعال دالة عليها , نحو: تعجب, استوضح , مدح , سأل.

٤- النصوص القرآنية.

قد يستعين الكاتب أو المتحدث بآيات من القرآن الكريم لتعزيز رأي أو إقامة حجة أو إثبات حكم , أو الحث على تبني قيمة أو الإغراء بإتباع سلوك , وقد تكون الآيات قليلة وقصيرة, وقد تكون طويلة , وليس لنا هنا أن نتصرف في تراكيب القرآن وألفاظه, وإذا ما تعرض المرء إلى مثل ذلك عندما **يلخص يُقترح أن يراعي ما يلي:**

أ- يكتب الآية القصيرة بنصها.

ب- يكتب الجزء الأول من الآية (إذا كانت طويلة) ويضع ثلاثة نقط دلالة على الحذف.

ج- إذا كانت الآيات متعددة في سورة واحدة ,ذكر جزءَها الأول مثل... إلى قوله تعالى... ويذكر الجزء الأخير.

مثل " الحمد لله رب العالمين... إلى قوله تعالى. ولا الضالين "

د- إذا تعددت الآيات في سور مختلفة في موضوع واحد , يكتفي عند التلخيص بذكر الموضوع كأن **يقول:**

وقد أورد المؤلف مجموعة من الآيات التي تحرّم الربا وتظهر ضررَهُ.

٥- الحديث النبوي الشريف.

ففي هذه الحالة لابد أن يقف الملخص على المعنى الدقيق من الحديث ودرجة إسناده , ليذكر ذلك كله في تلخيصه , فيتوخى عندها الأمانة والدقة العلمية.

مثال:

اخرج فلان في... نهى الرسول صلى الـلـه عليه وسلم عن... أو حث على.. ولا يجوز إيراد عبارات يُفهم منها تضعيف الحديث الصحيح , أو إغفال سند الحديث الضعيف , ولا يجوز إطلاقاً أن يضحي بالمقصود في سبيل الإيجاز والاختصار في اللفظ.

٦- الشعر:

رغم أن للشعر طلاوة قد تذهب يد الملّخص بطلاوته أو تفقده, موسيقاه وعذوبته إلا أن الإنسان قد يضطر أحياناً إلى ترك ذلك كله عند التلخيص , ويراعي عند ذلك ما يلي:

أ- قراءة البيت أو الأبيات بعناية لتحديد فكرته.

ب- التعبير عن الفكرة بيسر ووضوح بعبارات منتقاة.

ج- تلخيص الأبيات بصورة متكاملة , مترابطة , ولا يلخص كل بيت منفرداً.

د- تحويل صيغ المتكلم إلى الغائب وصيغ المضارع إلى الماضي.

٧- المقالات العلمية:

قد يتعرض المتعلم إلى أن يلّخص بعض المقالات العلمية أو المراسلات التجارية أو الندوات التربوية أو المحاضرات المتخصصة وهنا يراعي الأمور التالية:

أ- المحافظة على الدقة العلمية في المبنى والمحتوى.

ب- تعرّف المصطلحات والمفاهيم والحقائق التي قد ترد في النص.

ج- ترابط الأفكار ووحدتها.

اتجاهات عامة في التلخيص:

حتى يتحقق الهدف من التلخيص, لا بد أن يكون له معيار يسير على هديه, وفي اعتقادي أن المعيار الأول في تقويم التلخيص هو أن يلمّ قارئه بالأفكار الأساسية بسهولة ويسر, ومع ذلك فإن هناك مبادئ تجدر مراعاتها عند **كتابة التلخيص**:-

- التلخيص مهارة لها قواعد وأصول , وكاتب التلخيص يُلمّ بها قبل أن يبدأ بالتلخيص.

- يكون التلخيص بلغة الكاتب(كاتبه) وذلك يستلزم أن يتجه إلى اختيار اللفظ الجامع بالدلالات المؤدية والتركيب القصير بالمعنى الغزير.

- يقرأ الموضوع الذي يريد الكاتب تلخيصه أكثر من مرة لفهمه وتمثله قبل البدء بتلخيصه.

- يكتب الموضوع الملخص في قالب جديد يتسم بجودة السبك ووحدة الموضوع وترابط الأفكار وانسجام أدوات التعبير.

- يتقيد كاتب التلخيص بالمقدار الذي يطلب إليه تلخيصه

الطريقة المقترحة للتلخيص:

عند القيام بعملية التلخيص ينتظر أن يقوم كاتب التلخيص بالخطوات التالية:

- قراءة المطلوب وفهمه.
- قراءة الموضوع قراءة صامته سريعة، يلمُّ القارئ بعدها بالفكرة العامّة, واقتراح عنوان يضعهُ مركزاً لاهتمامه
- تحديد فقرات الدرس، فكرة لكل فقرة، وتحديد مقدمة الموضوع وصلبه وخاتمته.
- تعرّف الجملة البنائية التي تتضمن الفكرة في كل فقرة.
- تسجيل الملامح العامّة للموضوع.
- كتابة مسودة الموضوع التي تتضمن أفكارهُ وجملهُ الرئيسة
- صياغة الموضوع ملخصاً ومراجعة الموضوع الذي لخص للتأكد من سلامة التركيب والمضمون .

نشاط "١"

هيا بنا نطوي القرون لننتقل إلى مسجد الكوفة فنرى قاضيها شريك بن عبد اللـه العالم الفقيه الأديب الذكي الذي تسامع الناس بعدله واطمأنوا إلى نزاهته, ها هو في مجلس الحكم وقد فرغ من آخر قضية وإذ بامرأة تقدم عليه فتقول له، استجير بالله ثم بك يا نصير المظلومين.

الأنشطة:

١- اكتب فكرة هذه الفقرة بلغتك ؟

٢- انتق من أربع إلى ست كلمات تعتقد إنها لبنات قوية في بناء هذه الفقرة ؟

٣- اختر جملة بنائية (أساسية) واحدة من الفقرة وثلاث جمل أخرى موضحة ؟

٤- لخص الفقرة بـ (١٥)كلمة؟

الأساليب

الأسلوب هو الطريقة التي يسلكها الأديب في اختيار الألفاظ وتألفها ليعبر بها عما يجيش في نفسه من العواطف والانفعالات ويحملها المعاني التي تهيأت له في وضوح وبيان حتى تحدث التأثير الذي رمى إليه في نفس القارئ أو السامع.

وإذا دققنا النظر في الأساليب وجدناها تحدث تأثيراً متفاوتاً في النفس وهذا التأثير نشأ من الألفاظ المختارة وحسن وضع كل لفظ إلى جوار ما يناسبه , وهذا ما يعبر عنه بحسن النظم وجودة السبك, وقد نشأ عن المعاني والأفكار والطريقة التي اتبعها في تصويرها للقارئ وتلك هي العناصر التي يتألف منها الأسلوب.

الأسلوب الجيد الذي يجتمع فيه:-

١- صدق الدلالة على نفسية صاحبه وتعبيره عن شعوره.

٢- ملاءمته للموضوع ليناً وقوة

٣- ملاءمته كذلك لعقلية القرآء والسامعين.

٤- الوضوح والقوة والجمال.

والوضوح يكون:

أ- بتخير الألفاظ المناسبة للموضوع وحسن ربطها بعضها ببعض.

ب- ترتيب الأفكار وتنسيقها.

وتكون قوة الأسلوب:

باختيار الألفاظ والتعبيرات القوية المناسبة للموضوع التي تعبر عن قوة العقيدة وقوة الانفعال والعاطفة, ونحن نعرف إن الألفاظ والعبارات ليست على درجة واحدة من القوة في تأدية المعنى , وأن للفقرات قصيرة الجمل تأثير يختلف عن الفقرات طويلة الجمل, ثم إن الأسلوب قد يجتمع فيه صفتا القوة والوضوح ولا يكون مع ذلك جميلاً , فعلى الأديب أن يجمّل أسلوبه حتى يستسيغهُ الذوق ,وتتقبله القلوب كما فهمته العقول.

مثال:

الوفاء بالوعد وحفظ العهد نلاحظ كيف تمّ التعبير عنه في النصوص التالية:-

قال الله تعالى" يا أيها الذين آمنوا لما تقولون مالا تفعلون, كبر مقتاً عند الله أن تقولوا ,مالا تفعلون"

قال عليه الصلاة والسلام " آية المنافق ثلاث: إذا حدّث كذب, وإذا وعد أخلف, وإذا أؤتمن خان"

قال الشاعر:

إذا قلت في شيء "نعم" فأتمه فإن "نعم" دينَ على الحر واجب

وإلا فقل "لا" تسترح وترح بها لئلا يقول الناس إنك كاذب

أنواع الأساليب:

١- الأسلوب الخطابي:-

نسب إلى الخطابة لأنه فيها أظهر وبها أولى, ويمتاز بقوة المعنى, والمبالغة في تصويره والتهويل لشأنه, ويتخير له ألفاظاً جزله تملأ الفم , وتقرع السمع وتهز القلب , وذكر الأسماء التي تهيج العواطف وتثير المشاعر, وتكرير الفقرات التي تلهب الأحاسيس , ويذكر المترادفات التي تزيد المعنى وضوحاً.

٢-الأسلوب الأدبي:

ومن مميزاته دقة ألفاظه ومناسبة كل لفظة لما يليها , وتخير الألفاظ الخفيفة من حيث النطق وذات الوقع الحسن على السمع ويهتم بالأناقة اللفظية والبلاغة من حيث التشبيهات والاستعارات والمحسنات التي تخدم المعنى , وليست المتكلفة.

٣- الأسلوب العلمي, المنطقي:

أسلوب يعمد إلى إيضاح الحقائق من أيسر السبل وأقربها ليس فيه خيال شعري ,لأن الخيال إنما يدعى لإشباع عاطفة وتغذية وجدان وهنا تخاطب به العقول, وليس فيه استعارات ولا مجازات ولا تشبيهات ولا كنايات, وإنما توضع به التشبيهات لمجرد قياس مجهول بمعلوم ولا يعني ذلك أنه خال من الجمال, وجماله يظهر واضحاً في منطقه الذي ينشأ في تضاعيفه (ثناياه) وفي تخير كلمات واضحة الدلالة ومعانيها.

فهرس المحتويات

المصادر والمراجع

١-إبراهيم أنيس, الأصوات الغويّة ,ط١, القاهرة: دار النهضة ,,١٩٦١

٢-إبراهيم أنيس،فن أسرار اللغة, ط٦, القاهرة: مكتبة الأنجلو المصرية ,١٩٦٩

٣-إحسان عباس, الخطابة العربية في عصرنا الذهبي,ط٢, القاهرة: دار المعارف (د:ت) ٤- إحسان عباس, فن السيرة,ط٢, بيروت , دار الثقافة,,1956

٥-أحمد أمين , النقد الأدبي , القاهرة: مكتبة النهضة المصرية ,١٩٦٣

٦-أحمد أبو عرقوب وفخري طميلة, تحليل النص الأدبي:عمان:دار الهلال, ١٩٩١

٧-أحمد زكي, جمهرة خطب العرب ,ط٢, ج١, ,١٩٦٢

٨-أحمد محمد الحوفي, فن الخطابة ,ط٥, القاهرة: دار النهضة (د,ت)

٩-ابن جني , الخصائص , تحقيق محمد على النجار,ط١,دار الكتب المصرية ١٩٥٢هـ

١٠-ايليا حاوي , فن الخطابة وتطوره عند العرب,بيروت,دار الثقافة.

١١-بديع الزمان الهمذاني, شرح المقامات بديع الزمان الهمذاني ,شرح محمد محيي الدين عبد الحميد,ط٢, بيروت:دار الكتب العلمية (د.ت).

١٢-أبو حيان التوحيدي, الإمتاع والمؤانسة.

١٣- حسني ناعسة, الكتابة الفنية, مؤسسة الرسالة ,,١٩٧٨

١٤- حسين نصار, نشأة الكتابة الفنية ,مصر , مكتبة النهضة ,١٩٦١

١٥- خالد الكركي, الرواية في الأردن,عمان,,١٩٨٦

١٦- خليل الهنداوي, تيسير الإنشاء,ط١, بيروت: مكتبة دار الشرق ,د.ت

١٧- جميل سلطان ,فن القصة والمقامة ,ط١,بيروت , دار الأنوار ,,١٩٦٧

١٨- شوقي,ضيف, العصر العباسي الثاني , ط٢, القاهرة: دار المعارف ,,١٩٦٥

١٩- شوقي ضيف, الفن ومذاهبه في النثر , القاهرة: دار المعارف, ,١٩٦٥

٢٠- عبد القادر أبو شريفة , فن الكتابة والتعبير, عمان , دار حنين, ,١٩٩٤

٢١- علي أبو ملحم, فن الأدب وفنونه, لبنان, المطبعة العصرية ,١٩٧٠

٢٢-عيد حمد الخريشة, تطوير الأساليب الكتابي في العربية, عمان, دار المناهج, ٢٠٠٤

٢٣-عبد الحميد يونس, فن القصة القصيرة, القاهرة: دار المعارف ,١٩٧٣

٢٤-القلقشندي, صبح الأعشى في صناعة الإنشاء,ط١, القاهرة: المؤسسة المصرية العامة,,١٩٦٣

٢٥-فخري قدور: المقالة الأدبية ,ط١,بيروت:دار صادر.(د.ت)

٢٦-محمد يوسف نجم, فن المسرحية ط١, بيروت,دار الثقافة ,,١٩٥٥

٢٧-محمد عوض, محاضرات, في المقالة الأدبية ,معهد البحوث والدراسات الأدبية القاهرة.

٢٨-محمد غنيمي هلال, في النقد المسرحي ,بيروت:دار العودة ,١٩٧٥٠

٢٩-محمود السعران,علم اللغة , بيروت,دار النهضة ,,١٩٦٥

٣٠- محمود السمرة, في النقد الأدبي,ط١, بيروت,الدار المتحدة للنشر,,١٩٧٤

٣١-المسعودي: مروج الذهب, تحقيق محيي الدين عبد الحميد, ط٤, القاهرة, ١٩٦٤

٣٢-موسى سليمان, الأدب القصصي عند العرب,بيروت:دار الكتاب العربي, ١٩٨٣

٣٣-موسى القبشاوي, وقفه مع العربية وعلومها,ط١, عمان دار صفاء.,١٩٩٩

٣٤-ناصر الدين الأسد, مصادر الشعر الجاهلي وقيمها الأدبية, بيروت, دار الجيل ,١٩٨٥

٣٥-ياقوت الحموي, معجم الأدباء,ط١,عمان, دار الفكر,١٩٨٠.

٣٦-يحيى إبراهيم عبد الدايم , الترجمة الذاتية في الأدب العربي الحديث, بيروت, دار صادر.(د.ت).

٣٧-زكي مبارك , النثر الفني في القرن الرابع , ط١, القاهرة: مكتبة نهضة مصر (د,ت).

٣٨-فهد زايد، العربية منهجية تطبيقية، ط١،عمان: دار النفائس، ٢٠٠٦ ٠

Printed in the United States
By Bookmasters